알 카포네

국립중앙도서관 출판시도서목록(CIP)

알 카포네 : 암흑가의 대부 / 지은이: 루치아노 이오리초
; 옮긴이: 김영범. – 서울 : 아라크네, 2006
p. ;   cm
원서명: Al Capone A Biography   원저자명: Iorizzo, Luciano J.
ISBN 89-89903-86-6 03990 : \12000
334.23099-KDC4
364.1092-DDC21   CIP2006000868

알카포네

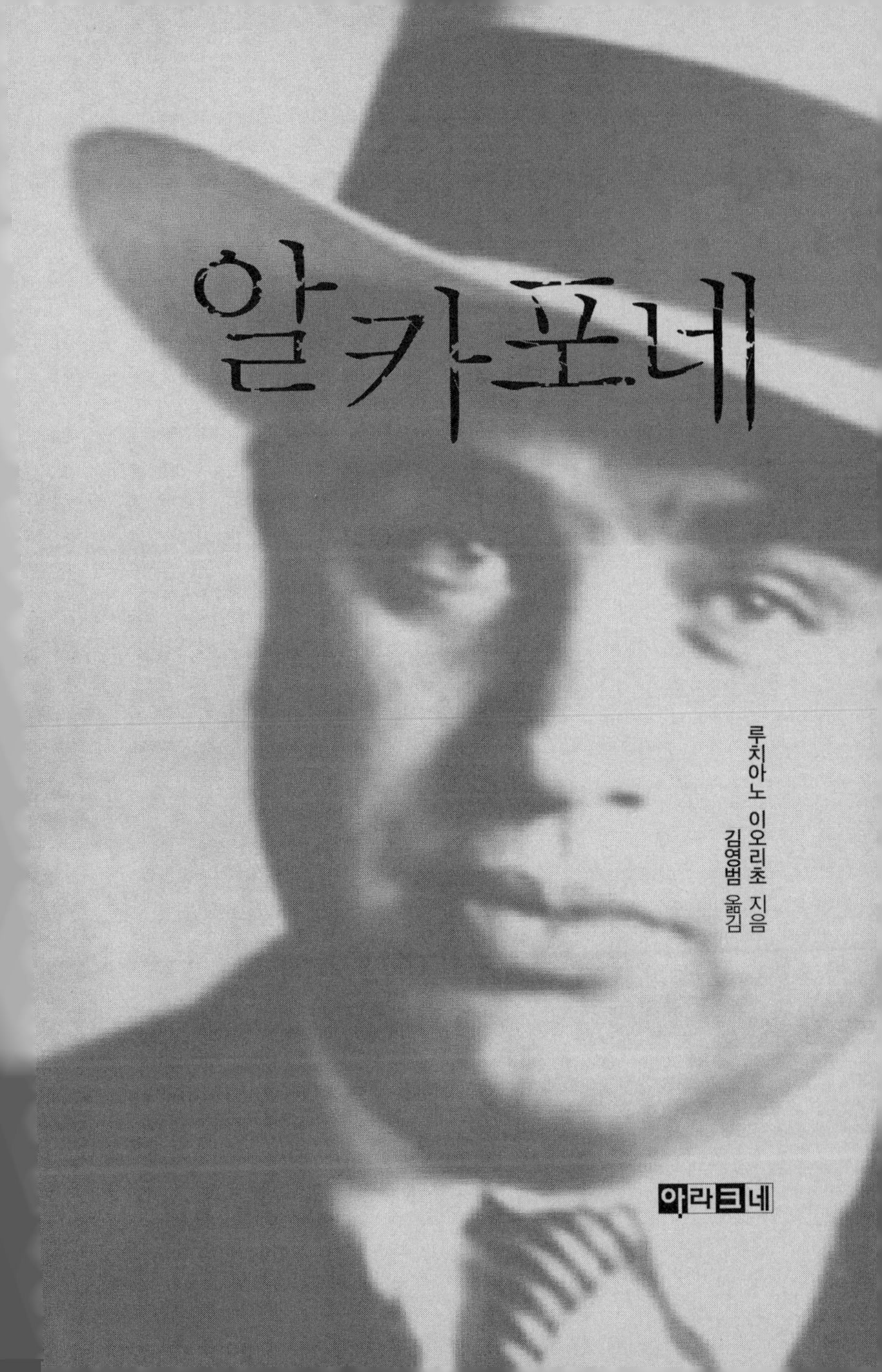

루치아노 이오리초 지음
김영범 옮김

아라크네

모든 사람들을 잘 치료해주고

원만하게 잘 살도록 도와주신

하워드 J. 윌리엄스Howard J. Williams 박사께

CONTENTS ▶ ▶ ▷

프롤로그

공공의 적이자 대중의 영웅이었던 갱스터의

파란만장한 일대기

알 카포네! 그는 죽은 지 50년이 지났지만 여전히 전 세계적으로 많은 사람들에게 관심을 불러일으키고 있다. 아직도 알 카포네만큼 유명한 이탈리아계 미국인을 찾아보기 힘들며 심지어 미국 토박이들조차도 그만큼 지속적으로 관심을 받기란 쉽지 않다.

왜 그가 그렇게 오랫동안 전 세계에서 가장 악명 높은 인물이 됐는지는 논란의 여지가 있다. 그의 전과 기록은 보통 범죄자들과는 사뭇 달랐다. 그는 교통 법규 위반(기각), 치안 문란 행위(기각), 매춘 업소 경영으로 체포됐다. 도박(벌금 150달러), 불법 무기 소지(면책), 금주법 위반(두 번, 기각)으로 기소됐고, 선거법 위반(기각)과 살인 혐의로 경찰 조서에 올랐다. 일리노이 주 졸리엇에서 불법 무기 소지로 벌금형을 선고받았고 펜실베이니아 주에서 비슷한 위법 행위로 복역했다.

마이애미 경찰은 그를 여러 건의 혐의와 위증죄로 체포했다.

결국 그는 조세 포탈로 11년을 선고받았다. 이런 기록만으로는 그와 함께했던 동료들이나 일반 시민들마저도 무서워하는 야수이자 공권력과 입법부 그리고 사법 체계를 뒤집어엎은 폭력 조직의 지도자이자 세상에서 가장 극악한 살인자들 가운데 한 사람으로 자리 매김을 하기에는 뭔가 부족하다. 사실, 알 카포네는 화이트칼라 족들이 종종 저지르는 범죄 행위로 가장 긴 수감생활을 했다. 보통 이런 정도의 범죄로는 좀처럼 감옥 신세를 지지 않는 게 상식이었다.

그러나 1920년대의 미디어는 법률적인 세부 사항까지 거의 신경을 쓰지 않았다. 그때부터 시작해서 기자들이나 라디오 진행자들 그리고 영화 제작자들은 줄기차게 알 카포네를 악마로 만들었고 흥미로운 인물로 다루었다. 알 카포네는 시카고에서 전성기를 구가하면서 실제로 비난을 받을 만한 범죄 행위를 거의 저지르지 않았다. 미디어가 그를 지하 세계의 "슈퍼스타"로 만들었다.[1]

실재보다 과장됐지만 카포네는 한편으로 그런 면을 철저하게 즐겼다. 미국 정부는 알 카포네를 공공의 적 1호로 만드는 데 일

---

1. 카포네의 위법 행위는 여러 책에서 쉽게 찾아볼 수 있다.
   Laurence Bergreen, *Capone: The Man and The Era* (New York, 1994), pp. 661−662 참조.

조했다.[2]

하지만 그렇게 된 책임은 대체로 카포네 자신에게 있다. 그는 철저하게 자신의 역할을 수행했다. 자신을 세상에 알릴 기회를 최대한 이용하면서 자진해서 기자들을 만났다. 살인에 연루됐다거나 매춘 업소를 경영했다는 사실은 절대로 인정하지 않았다.

그러면서 자신을 소비자들이 찾는 제품을 공급해주는 사업가로 드러냈다. 그 제품이라는 것이 불법적인 주류였지만, 그다지 신경 쓰지 않았다. 대다수의 선량한 시민들이 주류의 제조, 판매, 유통, 수입, 수출을 불법으로 하는 볼스테드 법안을 무시하는 상황에서 자신만이 지탄을 받아서는 안 된다고 합리화했다. 결국 그는 경찰이나 판사나 국회의원들도 취해 있다고 주장했다. 법적으로 그런 행위는 불법이 아니었다.[3]

그의 주장은 자신의 이익만을 챙기려는 행위였지만 나름대로 효과를 거두었다. 세월이 지나면서 그의 주장은 더욱 그럴듯해

---

2. 시카고 범죄 위원장인 프랭크 J. 뢰슈Frank J. Loesch는 1930년에 알 카포네를 공공의 적 1호로 지목했다. Bergreen, *Capone: The Man,* pp. 366–367 참조.

   H. L. Mencken의 *The American Language,* Supplement II(New York, 1962), p. 672 에서는 1933년부터 1939년까지 미국의 법무장관이었던 호머 S. 커밍스Homer S. Cummings가 국가적인 범죄자들을 분류하기 위해서 이 말을 만들어냈다고 언급하고 있다. 이런 차원에서 보면, 존 딜린저John Dillinger(11번의 은행 강도와 2번의 탈옥으로 미 전역에 악명 높았던 신화적인 강도—옮긴이)가 원조 공공의 적 1호였다.

3. Fred D. Pasley, *Al Capone: The Biography of a Self-Made Man* (1930; reprint, Free Pork, New York, 1971), pp. 349–355.

보였다.

카포네와 마피아가 연관돼 있다는 생각은 잘못된 것이다. 19세기 후반부터 미국인들은 마피아에 대한 환상을 갖게 됐고, 이탈리아계 미국인 범죄자들이 곧 마피아라고 생각하게 됐다.[4]

이런 점 때문에 카포네는 더욱더 저항할 수 없는 매력을 갖게 됐다. 사람들은 지겨워하지도 않고 직·간접적으로 알 카포네를 다룬 책, 영화, 비디오, 텔레비전 프로에 열을 올렸다. 여기서 허구로 꾸며진 폭력 조직들의 실상은 스카페이스 알Scarface Al에 나오는 역할로 모습을 바꾸게 됐다.[5]

이러한 관심 때문에 조직범죄에서 카포네의 역할은 과장돼 있었다. 카포네는 나폴리 출신이었기 때문에 마피아 일원이 될 자격이 없었다. 게다가 카포네가 오늘날 용어로 희생자 없는 범죄(매춘, 도박 등)에 단순 가담했다고 이야기할 수도 없다. 그는 당시 대중들의 믿음, 기록된 자료들, 스스로 만들어낸 자신의 모습 사이 어딘가에 위치하고 있다.

4. Luciano J. Iorizzo and Salvatore Mondello, *The Italian Americans*, rev. ed (Boston, 1980), pp. 184－215 and Luciano J. Iorizzo, "Crime and Organized Crime," in *The Italian American Experience: An Encyclopedia*, ed. Salvatore J. LaGumina, et al. (New York, 2000), pp. 151－159 참조.

5. Iorizzo and Mondello, *Italian Americans*, rev. ed, pp. 269 ff. 또한 이 책 끝의 참고문헌에 나오는 영화와 비디오 목록 참조.

카포네는 역사상 가장 흥미로운 범죄자 가운데 한 사람으로 남아 있으면서 그의 이야기는 여러 부류의 사람들을 매혹시키고 있다. 홈 박스 오피스(미국의 유료 텔레비전)의 「소프라노스The Sopranos」에 나오는 토니 소프라노(조직의 두목이자 살인자로서 그는 수많은 텔레비전 시청자들의 관심을 지속적으로 받고 있다)처럼 카포네는 계속해서 책, 잡지 기사, 텔레비전, 영화를 통해 수백만 미국인들의 상상력을 사로잡고 있다.

가장 의외의 순간에도 그의 이름이 등장한다. 1997년 조반니 보카치오Giovanni Boccaccio, 단테, 알레산드로 만초니(Alessandro Manzoni, 이탈리아 낭만주의 최대의 작가. 『자유의 승리』 『약혼자들』 외 다수의 작품을 남겼다), 체사레 베카리아(Cesare Beccaria, 이탈리아 출신 근대 형법학의 선구자. 『범죄와 형벌』이라는 저서를 남겼고 인도주의적인 형벌과 사형 폐지론 등을 주장했다)와 같은 고전 작가들을 비롯해서 기타 여러 인물들을 특집으로 실었던 이탈리아 유머집에는 알 카포네에게서 나온 다섯 개의 유머도 함께 실렸다. [6]

2001년 9·11테러 이후에 카포네는 여러 뉴스 방송사에서 언급됐다. 그중 한 방송사에서 나온 미국인 논평자는 이 테러의 비인간성을 설명하면서 카포네를 언급했다. 다른 방송사에 나온 탈리

---

6. Henry D. Spalding, *Joys of Italian Humor* (New York, 1997).

반 대변인은 카포네와 같은 맥락에서는 테러리스트들의 행동도 그렇게 끔찍하지만은 않다고 설명하면서 카포네를 들먹였다.

알 카포네의 삶에서 사실과 환상을 구분해내기란 쉬운 일이 아니다. 1920년대의 끔찍한 폭력성에 충격을 받은 많은 작가들은 카포네를 당대의 1급 악인, 가장 폭력적이고 냉혹하며 잔인한 살인자로 묘사한다. 법정 증거가 부족하지만, 대체로 카포네가 살인을 했고 매춘 업소를 소유했고 주류를 밀매했고 도박에 빠져 있는 폭력 조직의 지도자라는 데는 의견이 일치했다.

오늘날 일정한 거리를 유지하며 그 시대를 바라보는 몇몇 작가들은 다소 호의적으로 카포네를 보려는 경향이 있다. 카포네를 옹호하지는 않았지만, 이 작가들은 그를 폭력과 부패에 의해 생겨난 시대의 산물로 생각한다. 그들은 카포네가 가난한 사람들을 도와주었다고 알고 있으며 카포네를 과거의 가치를 신봉하는 가정적인 사람으로 보고 있다.

이 작가들은 카포네가 자신의 부모, 형제자매, 자식 그리고 주변 인물들에게 헌신했다는 점을 지적한다. 짐작하기 어렵지만 이 작가들은 카포네가 뚜쟁이질을 하고 여자 꽁무니를 쫓아다녔지만 카포네와 그의 부인 메이Mae는 서로에게 헌신했다고 전하고 있다.[7]

카포네를 역사상 유래가 없을 정도로 특별한 인물로 만들어주는 것은 공식적인 기록에 나와 있는 내용들이 아니다. 판결 기록과 달리 미디어에서는 카포네를 경쟁자를 가차 없이 제거하는 잔인하고 짐승 같은 살인자로 묘사했다. 때로 그는 자신에게 반대하는 사람들에게 방아쇠를 당기거나 죽어날 정도로 마구 때린다는 평판을 얻었다. 또 어떤 때는 성 발렌타인데이 대학살(St. Valentine's Day slaughter, 1929년 2월 14일, 경찰 복장을 한 일곱 명의 괴한들이 기관총을 들고, 벅스 모런Bugs Moran의 본부로 알려진 한 차고로 들어가서는 신분을 확인하지도 않고 전원을 사살한 희대의 사건)에서처럼, 자신은 플로리다 태양 아래서 일광욕을 즐기고 있으면서 부하들에게는 비열한 짓을 명령하는 사람으로 여겨졌다. 신문들도 그를 쿡Cook 카운티에서 매음굴을 여럿 운영하는 포주로 지목했다. 카포네는 이런 상황들을 전혀 알지 못했다.

그는 엄청나게 많은 시민들이 용인하거나 갈망했던 행위들, 즉 도박을 하고 시카고 시민들에게 주류를 공급한 사실을 모조리 자백했다. 그는 이런 일들이 잘못됐다고 생각하지 않았다. 하지만 가족에게 충심으로 헌신했다고 주장하면서 살인이나 매춘과 관련된 행위에는 관여한 적이 없다고 부인했다.

스카페이스, 빅 펠로Big Fellow, 알 브라운Al Brown으로 알려졌고

7. Martin Short, *Crime Inc.: The Story of Organized Crime* (London, 1984), pp. 84−87 참조. 연보

그밖에도 다른 이름들을 가지고 있던 알 카포네는 대도시 밖에는 음주나 카드놀이(도박은 말할 것도 없고)를 죄로 여기는 많은 앵글로색슨 프로테스탄트들이 있다는 사실을 이해하지 못했다. 본래 도시 생활자였던 아일랜드인들 이외에 미국에는 가톨릭 신자들이 상대적으로 거의 없었다는 점을 깨닫지 못했다. 가톨릭 교회는 미국 전역을 포교 지역으로 간주했다는 사실도 알지 못했다. 어쩌면 사람들이 그에게 끌렸던 요인은 바로 그러한 단순함과 적의를 누그러뜨리는 매력과 과장된 순진함일지도 모른다. 게다가 그의 관대함이나 학대받는 사람들에 대한 관심과 사교성도 한몫했을 것이다. 부유한 생활, 방탄유리와 장갑판 차체로 주문 제작된 자동차들, 경호원들의 보호를 받으며 옆에 화려한 여인들을 끼고 도시를 활보하는 모습, 타임 스퀘어의 포주를 연상케 하는 색깔의 맞춤 양복과 진주색이 들어간 중절모 등도 세간의 관심을 끄는 요인이었다.

아마도 카포네는 불황기에 억압받는 사람들에게 희망의 상징이었을 것이다. 미국인들은 일찍이 전 세계적 경기 불황의 고통을 느끼고 있었다. 그런데 카포네는 무료식당에서 가난한 사람들에게 식사를 제공했다. 그는 번영이 바로 코앞에 다가왔다는 희망을 품은 사람들에게 살아 있는 증거가 되면서 한참 잘 나가고 있었다. 어떤 사람들은 19세기 미국 농촌에서 영웅이 됐던 살인자이자 도둑이었던 제시 제임스(Jesse James, 미국 남북전쟁 이후, 북부의 자본이 지배하고 있던 은행과 열차에서 강도짓을 했고 이런 이유로 남부인들은 그를 '서부의 로빈 후드'라고 열렬한 지지를 보냈다)를 카포네와 비교했다. 20세기에 미국이 발전하면서 알 카포네는 도시의 제시 제임스가 됐다.

어떤 사람들은 제임스를 악당으로 보고 있는가 하면 한편에서는 그를 진정한 미국의 로빈 후드로 생각한다. 역사는 한꺼번에 과거의 악행을 깨끗히 지워버린다. 이런 관점에서 세상을 바라보면 그럴듯하게 보이기도 한다. 자신의 주장처럼 카포네가 순진한 사람이었을까? 중상자들이 주장하는 것처럼 카포네는 악의 축소판이었을까? 일부의 주장처럼 카포네는 지금껏 세상에 알려진 가장 위대한 갱스터였을까? 카포네는 실질적으로 시카고를 자신의 손아귀에 쥐고 있었던가? 아니면 그 도시에서 그의 영향력과 역할은 과장됐던 것인가? 게다가 조직범죄에서 그의 지위는 어떤 것이었나? 역사는 카포네에 대해서 정확하게 이야기해왔을까? 이제 우리는 이런 내용들을 알아보게 될 것이다.

연보

1894 가브리엘 카포네와 테레사 카포네는 아들 빈첸초(리처드 제임스 "쌍권총" 하트)와 라파엘 제임스(랠프 "술병")와 함께 미국으로 이주했다.

1895 1월에 살바토레 프랭크 카포네 태어났다.

1899 브루클린에서 알폰스(알) 카포네 태어났다.

1901 에르미니오(존, 미미) 카포네 태어났다.

1906 움베르토(앨버트) 카포네 태어났다.

1908 아메데오(매슈 N.) 카포네 태어났다.

1909 조니 토리오가 시카고로 갔다.

1910 로즈 카포네가 태어난 후 곧바로 사망했다.

1912 마팔다 카포네 태어났다.

1917 카포네는 코니아일랜드 하버드 인에 경비원으로 고용됐고 얼굴에 세 군데 상처를 입었다.

1918	카포네의 아들 앨버트 프랜시스(소니)가 12월 4일에 태어났다. 소니가 태어나기 전 어느 시기에, 카포네는 매독에 걸렸다. 12월 30일, 카포네는 소니의 엄마 메리 조세핀(메이) 커플린과 결혼했다.
1919	카포네는 예일의 일을 그만두고 볼티모어에서 합법적으로 아이엘로Aiello 건설회사의 출납원으로 취직했다. 토리오는 포 듀스Four Deuces를 열었다. 금주법이 8월 28일에 법률로 통과됐다.
1920	볼스테드 법안이 1월 19일에 효력을 발생했다. 시카고에서 5월 11일에 빅 짐 콜로시모가 살해됐다. 알의 아버지 가브리엘 카포네가 11월 14일에 사망했다.
1921	카포네는 시카고에 도착해서 조니 토리오와 일하기 시작했다.
1922	랠프 카포네가 시카고에 도착해서 조니 토리오 대신 일하게 됐다. 카포네는 8월에 음주 운전, 불법 무기 소지, 자동차 폭행 미수로 구속됐다. 이 혐의들은 기각됐다.
1922-1923	카포네는 포 듀스의 지배인으로 승진했다.
1923	윌리엄 데버가 4월에 시카고 시장이 됐다. 카포네는 조니 토리오에 의해 파트너로 영입됐고 매춘과 거리를 두려고 시도했다. 카포네의 부인, 아들, 어머니, 다른 형제들과 누이가 시카고에서 함께 살게 됐다. 랠프를 제외한 모든 가족들이 프레리 애비뉴 7244번지에 있는 카포네

의 집에서 살게 됐다. 토리오는 10월에 사업장을 시세로 Cicero로 옮긴다. 가을에 토리오는 시세로에서 부정하게 벌어들인 돈을 평화적으로 나눌 수 있도록 폭력배들을 설득했다. 그 후에 자신의 어머니를 이탈리아로 데리고 가서 그곳에서 다시 정착했다. 카포네는 토리오가 없는 동안 시세로의 사업을 대신 떠맡았다.

1924 토리오가 봄에 다시 돌아왔다. 프랭크 카포네는 시세로 선거 동안에 살해됐다. 조 하워드는 5월 8일에 살해됐다 (카포네의 소행으로 추정됐다). 토리오는 5월 19일에 디온 오배니언의 배신으로 지벤Sieben 양조장에서 금주법 위반 혐의로 체포됐다. 에디 탱클이 11월에 살해됐다. 디온 오배니언이 11월 10일에 살해됐다(토리오의 지시로 카포네 혹은 제나 형제들이 저지른 일로 추정됨).

1925 오배니언의 살해에 대한 보복으로 1월 12일에 카포네의 목숨을 노린 공격이 실패로 돌아갔고 토리오는 심한 부상을 입어 1월 24일에 병원에 입원했다. 지벤 금주법 위반으로 2월 9일에 벌금형과 9월형을 선고받았다. 토리오가 감옥에 있는 동안 카포네가 책임을 맡게 됐다. 토리오가 석방되면서 자신의 자리를 카포네에게 넘기고 시카고를 떠났다. 안젤로 제나가 5월 26일에 살해됐다. 마이클 제나가 6월 13일에 살해됐다. 앤서니 제나가 7월 8일에 살해됐다. 사무초 애머튜너가 11월 13일에 살해됐다.

1926년 지방 검사보 윌리엄 멕스위긴이 4월 27일에 살해됐다. 9월 20일, 웨이스와 요원들이 5천 발의 탄약으로 무장하고 시세로의 호손 호텔을 샅샅이 수색했다. 웨이스는 10월 11일에 살해됐다. 트루스가 11월 21일 모리슨 호텔에서의 회동을 발표했다.

1927년 프랭크 "왼손잡이" 콘실이 3월 11일에 살해됐다. 3월 14일 아칸소의 핫 스프링스에서 카포네를 노린 공격이 불발됐다. 이 공격은 웨이스의 살해에 대한 보복으로 빈센트 "음모가" 드루치의 소행으로 추정됐다. 드루치는 4월 4일 경찰에게 살해됐다. 카포네는 로스엔젤레스를 방문했고 12월 6일경에 추방됐다. 카포네는 12월 22일에 불법 무기 소지 혐의로 일리노이 주 졸리엣에서 체포돼 2천 6백 달러의 벌금형을 받았다.

1928년 1월 4일. 카포네는 마이애미, 다음에는 마이애미비치로 가서 호텔 방을 잡고 부인과 가족들이 쓸 집을 임대했다. 카포네는 3월 27일에 비스케인 만의 팜아일 하우스를 사들였다. 프랭크 예일이 7월 8일에 살해됐다. 잭 주터가 8월 1일 살해됐다. 아널드 루트슈타인이 12월 4일 살해됐다. 12월 5일 클리블랜드에서 전체 시칠리아 범죄자 협의회 개최됐다.

1929년 카포네가 플로리다에 머물고 있던 2월 14일에 성 발렌타인데이 대학살이 자행됐다. 안셀미, 스칼리스, 긴타가 5월 7일에 살해됐다. 애틀랜틱 시티 조직범죄 협의회가 5월 13일부터 16일까지 개최됐다. 5월 17일에 필라델피아에서 불법 무기 소지죄로 카포네 체포됐다. 그리고 5월 18일에 동부 주 교도소에서 1년형을 선고받았다. 카포네의 첫 번째 감옥 구형됐다.

1930년	카포네는 복역을 마치고 3월 17일에 석방됐다. 카포네는 5월에 부랑죄와 위증죄로 여러 차례 마이애미에서 기소되지만 모두 기각됐다. 12월에 자신이 운영하는 시카고 치킨 수프 키친에서 가난한 사람들에게 식사를 제공했다.
1931년	조 "보스" 마세리아가 4월 15일에 살해됐다. 6월 5일과 22일 카포네는 소득세 탈루 혐의로 기소됐다. 6월 12일에는 금주법 위반으로도 기소됐다. 7월 정도에 마란차노를 제거하고 폭력 단체의 협력을 재조직하며 "보스 중의 보스" 없이도 미국화하기 위한 회동이 클리블랜드에서 열렸다. 살바토레 마란차노가 9월 10일에 살해됐다. 카포네의 소득세 재판이 10월 6일에 시작됐다. 10월 17일에 세금 탈루에 관련된 다섯 가지 죄목으로 유죄 판결을 받고 10월 24일에 11년의 감옥형과 벌금 5만 달러, 법정 비용 3만 달러를 구형받았다. 금주법 위반에 관한 기소는 기각됐다.
1932년	항소가 5월 3일에 기각됐다. 카포네는 애틀랜타 교도소에서 형기를 시작했다.
1933년	금주법 개정안 철회됐다.
1934년	카포네는 8월 19일에 앨커트래즈로 이송됐다.
1939년	카포네는 1월 6일, 로스앤젤레스 남부 터미널 아일랜드로 이송됐다. 밀고자 에드워드 오헤어가 11월 8일 살해됐다. 카포네 11월 13일에 석방을 위해 펜실베이니아 주

루이스버그 교도소로 이송됐다. 카포네 11월 16일 가석
방됐다.

1939년   11월 17일 무어 박사가 볼티모어의 유니온 병원에서 카
포네의 매독 치료를 시작했다.

1940년   카포네는 치료를 마친 후 3월 22일에 팜아일의 집에 도
착했다.

1945년   1월에 카포네는 매독에 대한 페니실린 치료를 받은 민
간인 가운데 한 사람이 됐다.

1947년   1월 25일 카포네 사망했다.

1장

마피아의 유래

Al Capone

많은 사람들은 마피아, 흑수단(黑手團, 20세기 초에 뉴욕 등지에서 활동한 이탈리아인들의 비밀 범죄 결사) 그리고 조직범죄라는 말을 마치 같은 말인 듯이 별 차이 없이 사용하고 있다. 또한 알 카포네와 마피아가 연관이 있다는 식으로 자주 혼동을 일으키고 있다. 이런 일이 벌어진 이유는 많은 자료들이 이 주제를 간단하게 정리하면서 부적절하게 다루었기 때문이다.

신문, 대중소설, 영화, 비디오 그리고 소위 다큐멘터리를 통해 미디어는 오직 대중적인 인기를 끌기 위해서 진지한 성찰 없이 이 문제를 다루었다는 혐의를 벗을 수 없다. 그래서 잘못된 오해들이 여전히 판을 치는 형국이다. 이 조직들을 간단명료하고 객관적으로 바라보게 되면 이들의 본성과 그 속에서 카포네의 역할을 새롭게 비춰볼 수 있다.

첫째, 마피아의 이중성을 살펴봐야 한다. 마피아는 서부 시칠리아에 그 기원을 두고 있다. 이 지역의 땅 주인들은 약탈을 일삼는 강도단들과 이들 지역에 쳐들어와 폭력을 휘두르는 악랄한 외지인들로부터 자신들과 가족들을 보호하기 위해 "군대"를 모집했다. 이 지역 사람들은 외지인들의 지배로부터 보호받고 싶어하는 사람들에게 "세금"을 징수했다. 그래서 공격을 받았던 젊은 여성들, 속박을 받았던 힘없는 사람들, 부당한 대우를 받았던 인사들은 이른바 정부에서 합법적으로 제공해주는 법 절차보다 지역의 마피아 단체에서 더 신속하고도 정당한 처벌형태를 찾기 시작했다. 이러한 시스템은 가축 도둑질, 강도 납치를 일삼던 소규모의 느슨한 조직범죄 집단들cosche을 연합체로 발전시켰다. 이 집단의 구성원들은 오메르타omertà라는 맹세를 했다.

이를 통해 절대로 합법적으로 조직된 사법 단체에 가담하지 않고 범죄 수사에도 도움을 주지 않겠다는 맹세를 받았다. 각 조직은 현지에서 인원을 충당했다. 외부인들, 심지어 다른 지역 출신의 시칠리아 사람들도 믿지 못했다. 만일 코스케가 배신을 당했다면, 그것은 당연히 그 구성원 가운데 한 사람의 소행임이 분명한 셈이다. 이런 일은 거의 일어날 가능성이 없었다.

처음부터 조직범죄는 아니었지만 이러한 움직임은 그로부터 은밀한 협의체가 생겨날 씨앗을 담고 있었다. 마피아가 시칠리아에서 활동할 수 있었던 요인은 원주민 사회에 철저하게 스며들 수 있었기 때문이다. 모든 계층 출신의 어느 누구라도 자기 자신이나 압제받는 사람들의 이익을 위해서 마피아에 참여할 수 있었다.

이탈리아 사람들은 시칠리아의 마피아에 대해 부정적으로 이야기하지 않는다. 이들은 마피아를 일종의 하위 집단으로 이해한다. 마치 누군가가 미국의 범죄자들을 다루는 글을 쓴다면 개인적으로 미국 사람들에 대해서는 나쁜 감정을 갖지 않는 것과 마찬가지이다. 반면 미국에서 어떤 사람이 마피아에 대한 글을 쓴다면 아마 단순한 범죄 집단으로만 묘사하지 않을 것이다. 그러다 보니 이탈리아계 미국인들은 마피아와 연관이 있다는 편견에서 쉽게 벗어날 수 없을 지경이 됐다.

1888년 초에 「시카고 트리뷴」은 시칠리아 사람들이 있는 곳에는 마피아가 있기 때문에 시카고에도 마피아가 있다는 다소 생뚱맞은 주장을 했다. 시카고에 살았던 이탈리아인들은 대부분 시칠리아 출신이므로, 시카고에도 마피아가 있다는 주장인 셈이다.

2년 후에 뉴올리언스의 경찰청장 데이비드 C. 헤네시가 살해됐다. 즉각 이탈리아인들이 비난을 받았다. 미국인들은 마피아의 뜻대로 움직이지 않은 공직자들을 암살하는 공모 혐의가 있다는 소문을 듣게 됐다. 정치인들이나 행정부 관료들이 범죄자들에 의해 조정되는데 그 반대는 불가능하다는 의미가 분명하게 확인됐다. 미국의 통치권이 심각하게 위협받고 있었다.

전국적으로 이런 상황에 노출된 시민들은 심각한 부담을 떠안았다. 시민들은 두려움에 떨어야 했고 마피아 혐의자들이 제기했던 잠재적 폭력 때문에 예민해져 있었다. 이러한 고정관념은 E. A. 로스의 보고서로 인해 20세기 초에 더욱 강화됐다. 로스는 미국의 저명한 사회학자 가운데 한 사람이었다. 그의 주장에 따르면 시칠리아인들은 야만적이고 난폭한 사람들이었다.[1]

일부 작가들은 남부 시칠리아인들은 범죄적인 성향이 많고, "불성실하고 다혈질이며 무지하고 더럽다"는 결론을 내렸다.[2]

비록 이런 잘못된 생각들은 대부분의 학자들이나 지성인들에게는 결국 받아들여지지 않았지만, 그 상처는 여전히 남아 있었다. 범죄인이라는 오명은 지울 수 없었다. 대부분의 미국인들의 머릿속에 각인된 범죄자라는 딱지는 비록 약화되기는 했지만, 21세기에도 여전히 남아 있다.

더욱이 사람들은 어떤 범죄조직이 언어와 관습 체계 그리고 종교가 다른 사회에 스며들어 어떻게 살아남을 수 있었는가라는 문제를 거의 성찰하지 않았다. 시칠리아에서 수백 년이 걸렸던 것이 미국에서 갑자기 이루어질 수 있을까? 이탈리아 범죄자들

---

1. Luciano J. Iorizzo and Salvatore Mondello, *The Italian Americans,* rev. ed. (Boston, 1980), p. 189에서 인용.
2. 같은 책.

이 미국으로 건너온 것은 틀림없는 사실이었다. 심지어 마피오시(마피아 개개인을 마피오소라고 하고 이 말의 복수형이 마피오시이다)도 마찬가지였다. 그러나 결국엔 그들도 미국화됐고, 미국의 범죄방식도 받아들였다. 조니 토리오, 알 카포네, 루키 루치아노 그리고 그밖의 다른 인물들도 미국에서 알게 된 조직범죄의 틀 안으로 이탈리아 사람들을 끌어들였다. 이들은 새로운 체제를 다듬고 발전시켜 전국적인 범위로 확대하는 데 일조했다.

이런 이민자들의 문제를 더욱 악화시킨 이유는 미국인들이 이탈리아인들을 획일적인 집단으로 보았기 때문이다. 사실상, 이탈리아는 최근에 와서야 근대 국가를 형성하게 됐다. 이탈리아인들은 지역적인 뿌리를 자랑스러워했다. 자신들 스스로를 시칠리아인, 나폴리인, 로마인 등으로 여겼다.

그러나 이런 것들은 경제적으로 뿌리 내린 계급 체계의 일부였다. 북부인들은 남부인들보다 우월하다는 의식을 가지고 있었고 시칠리아인들을 가장 낮게 보았다. 북부인들의 거만한 태도나 행동을 비웃는 시칠리아인들도 훨씬 남쪽에 사는 농민들을 곧잘 비하하곤 했다. 심지어 미국에서도 시칠리아인들은 다른 이탈리아인들, 즉 시칠리아인들은 이탈리아인이 아니라 야만인의 뿌리를 가졌다고 믿는 사람들에게 배척당했다. 미국인들이 마피아를 이해하는 핵심은 이탈리아 이민자들을 결집력이 강한 사람들이라고 믿었다는 사실이다. 미국인들은 시칠리아인, 나폴리인, 로마인 등의 차이를 구별하지 못했다. 마피아는 그 연원과 상관없이 모든 이탈리아인에게 잘못 적용됐다. 이러한 생각은 마피아를 비판적으로 연구하기에 거의 불가능하게 만든다.

마피아가 미국에서 머리기사를 장식하고 나자마자, 흑수단 히스테리가 미국 전역을 강타했다. 이 시점은 남부 이탈리아 출신들이 미국에서 경제적 성공을 추구하기 시작한 1800년대 말이었다. 사실상 이들은 영어를 할 줄도 몰랐고, 남의 이목을 받을 만했다. 이 사람들은 미국의 제도와도 연관이 없었다. 사실 이들은 동등한 구성원을 가지고는 다른 집단과 함께하기가 어렵다는 점을 알게 됐다. 이러한 조건 속에서 범죄적인 성향을 띤 극소수가 제한만 받지 않는다면, 자신들의 기질을 발휘하는 데 가장 적합했다. 흑수단의 착취자들은 이런 종류의 범죄 행위를 전형적으로 저질렀다. 이들은 동료 이민자들을 위협했다. 일반 시민들은 지방 경찰이나 연방정부의 공권력을 통해서 불법적인 협박으로부터 자신들을 보호할 수 있다는 사실을 알게 되기까지 많은 모멸감을 겪었다. 곧바로 명망 있는 이탈리아인들은 공권력과 협력하기 시작했다.

1920년 금주법이 나오기 전에, 흑수단들은 일제히 소탕됐다. 그때까지는 마피아에 대한 이야기도 자취를 감췄다. 실제로 마피아라는 말은 금주법 기간 내내 사전에서 사실상 자취를 감추었다. 이탈리아계 미국인 범죄 조직과 가장 연관이 깊었던 알 카포네가 1920년대에 등장하기는 했지만, 제2차 세계대전 이후에야 비로소 마피아라는 말이 갑자기 사람들의 입에 오르내리게 됐다. 하지만 그는 마피아 단원이 아니었다. 나중에 미국인들은 엉뚱하게 카포네와 마피아를 연관지으면서 마피아 히스테리에 사로잡히게 됐다. 그때까지 이탈리아계 미국인들이 마피아의 도움 없이 조직범죄에 연루될 수 있었다는 사실은 전혀 고려되지 않았다.

흑수단의 범죄는 특히 익명의 협박 편지를 사용해서 강탈하는 형식이었다. 잠재적인 희생자들은 돈을 지불하지 않으면 죽게 됐다. 종종 돈이 늦게 지불되면 사업체를 폭파하기도 했다. 15년이 넘게, 이탈리아계 범죄자들과 다른 전국적인 조직의 구성원들은 똑같은 처리 방식으로 돈 있는 사람들을 협박했다. 지방 경찰과 협박범들이 결탁돼 있지 않았다는 확신을 갖게 되자 이탈리아인들은 흑수단들을 처벌하는 데 협력하고 도움을 주었다. 하지만 결국엔 연방정부가 편지를 이용해 범죄를 저지르는 사람들을 기소함으로써 그와 같은 범죄가 소탕됐다.

20세기 초에 조직범죄가 성행하기 시작했을 때, 전체 사회 구조 속에서 새로 이민 온 이탈리아인들과 같은 부류들을 지속적으로 낮은 위치에 머물게 하는 사회가 안고 있는 수많은 요인들 사이의 복잡한 상관관계에 따라 조직범죄의 운명이 좌우됐다. 조직 폭력단이나 조직범죄의 파벌들은 정치 기구처럼 조직됐고 간혹 정치 조직과 구분하기 힘든 경우도 있었다.

조직 폭력단 출신들이 정당의 실권을 장악하거나 지방이나 주 정부의 요직에 선출되는 일도 심심치 않게 일어났다. 이탈리아 인이 공직에 출마할 수 있는 위치에 갈 수 있는 경우는 극히 드물었다. 범죄인들을 포함해서 새로 미국으로 들어왔던 이탈리아인들은 바깥에서 수수방관하는 처지였다. 그들이 주로 목격할 수 있는 것이라고는 한두 세대를 지나면서 체제 안으로 끼어 들어가는 이민자들이었다. 아일랜드인들이 가장 잘 편입됐고 독일인들이나 유대인들도 두드러지게 참여하고 있었다. 금주법은 이탈리아인들에게 커다란 기회를 가져다주었고 알 카포네는 처음부터 개입하고 있었다. 그는 독립적으로 전국 단위의 조직폭력단의 보스로서 중요한 인물이 될 수 있는 기회를 잡았다. 그는 독립 단위에서는 성공했지만 전국 단위로는 성장하지 못했다.

마피아, 흑수단, 조직범죄는 완전히 다른 개념이다. 이 세가지를 똑같다고 여겨서는 알 카포네나 미국의 조직범죄를 이해하기 어렵게 된다. 짐 콜로시모Big Jim Colosimo의 사례만 봐도 알 수 있다. 그는 부유한 범죄자였고 충분한 정치적 배경을 가지고 있었기 때문에 오히려 흑수단들의 1급 목표였다.

만일 조직범죄와 흑수단이 같다면 짐 콜로시모는 그런 위협에 시달리지 않았을 것이다. 이탈리아계 범죄자들은 돈이 많았기 때문에 협박꾼들의 1급 목표물이었다. 흑수단들은 조직범죄 폭력단을 그리 두려워하지 않았다. 짐 콜로시모와 같은 우두머리들을 협박까지 했다. 어쩌면 자신들이 상대하는 사람들을 제대로 파악하지 못했을 가능성도 있다. 어쨌든 흑수단들의 음모는 소위 마피아와의 결속이 긴밀하지 않았음을 보여주는 확실한 증거이다.

콜로시모는 매춘과 도박에서 성공을 했지만 자신의 입지를 정치인들에게 의존하고 있었다. 그는 다른 성공한 범죄자들과 마찬가지로 정치인들의 하수인에 불과했다. 토리오와 카포네는 힘을 가지고 있었지만 상황은 다르지 않았다. 이들은 정치인들과 정부 관료들의 묵인 하에서만 생존할 수 있었다. 그리고 이런 상황은 모든 조직범죄의 거물들도 마찬가지이다. 이들은 자신들에게 허용된 범위를 넘어서려는 순간 추락하고 만다. 우리가 보게 되겠지만, 관계 당국자들과 조직범죄의 두목들은 한목소리로 알 카포네가 너무 멀리 나갔다고 결론을 내렸다.

이제 흑수단이라는 말은 사라졌지만 마피아와 조직범죄라는 말은 여전히 남아 있다. 이탈리아계 미국인들은 범죄자들이라는 오명을 쓰고 있었다. 그들은 마피아와 같은 의미로 통했고 마찬가지로 마피아는 조직범죄라는 말과 같은 의미로 사용됐다. 많은 사람들은 이탈리아인들은 조직 범죄자들이고 조직범죄자들이 곧 이탈리아인들이라고 단정지었다. 미국 정부조차도 조직범죄와 마피아는 같다고 공식적인 입장을 취했다.

미국 정부는 기존의 입장을 철회했지만, 일반 사람들은 여전히 같은 생각을 가지고 있었다. 이탈리아계 미국인들이 마피아와 상관없이 조직범죄에 연루될 수 있다는 사실은 생각하기 힘든 일이었다. 상당히 많은 증거에 따르면 조직범죄에 다양한 인종들이 연루돼 있다. 하지만 많은 사람들에게 이탈리아계 미국인들이 없는 조직범죄란 상상할 수도 없다. 카포네는 처음에는 독립적으로 활동했다. 하지만 그는 조직범죄에 연루됐고 그의 조직원들은 상당히 다양한 사람들로 구성됐다.

조직범죄는 수세기 동안 법망을 피해 이익을 얻으려는 사람들과의 거래를 기반으로 성장해왔다. 범죄자들이 희생자들을 강압적으로 다루는 데 비해 조직 범죄자들은 대체로 참여자들이 자발적으로 불법 행위를 하도록 만든다. 이러한 체제는 본국의 부당하고 강압적인 지배를 피해 자신들의 행위를 정당화하려는 해외 이주민들의 희망으로부터 발전했다. 당시 미국 사회에는 이상적인 사회적 · 도덕적 가치를 제정하려는 움직임과 다른 한편으로는 암암리에 이러한 체제로부터 이탈하려는 움직임이 공존하고 있었다.

법률을 통해서 이상적인 사회를 실현하려고 했던 관료들은 커다란 어려움에 봉착했다. 이상적인 사회에 부합하는 현실 세계란 거의 불가능했다. 하지만 관료들은 실제로 어떤 법률을 집행해야 하고 어떤 법률을 묵과할지를 결정해야만 했다. 그래서 나타난 현상은 불법 행위들을 근절하는 것이 아니라 조절하는 메커니즘이었다. 19세기에 법으로 규제되는 행위들은 도박, 매춘, 주류 밀조였다.

처음에 정치인들이나 경찰은 주로 한 지붕 아래 도박장이나 매춘 업소를 소유하고 운영하는 기업가들이었다. 경찰을 통제하던 정치인들은 그러한 위험한 사업의 고위 파트너들이었다. 나중에 이들은 자신들의 불법 사업권을 조직 폭력배의 두목들에게 '허가' 해주기 시작했다. 1890년대가 되면서 미국인들은 정치인들과 범죄자들, 법 집행자와 폭력배들을 분간하기가 어려워졌다. 이탈리아계 이주민들의 대다수가 이런 사회로 유입됐던 것이다. 이미 형성돼 있던 범죄 세계는 이주민들 사이에서 범죄로 빠져들 만한 사람들을 기다리고 있었다. 미국인들은 여전히 범죄를 이주민들의 탓으로 돌리고 있었다. 일찍이 미국에 정착했던 이주민들은 범죄 발생의 원인을 후발 이주민들에게 돌렸다.

미국인들은 19세기 때만 해도 범죄의 중요한 온상으로 아일랜드인들, 독일인들, 유대인들 그리고 아프리카계 미국인들과 함께 이탈리아인들 순이라고 믿었다.

법률 위반을 부추기는 사회 체제를 만들었던 미국인들에게 이런 생각은 자신들의 책임을 회피하기에 쉬운 방법이었다. 미국이란 나라에 깊이 박혀 있는 조직범죄의 뿌리는 무시됐다. 이러한 "역병"을 미국에 옮겨놓은 책임을 이주민들에게 뒤집어씌우는 편이 더 나은 방법이었다.[3]

3. 같은 책, pp. 184–215. Luciano J. Iorizzo, "Crime and Organized Crime," in *The Italian American Experience: An Encyclopedia,* ed. Savatore J. LaGumina, et al. (New York, 2000), pp. 151–159 참조.

2장

범죄 조직 간의 세력 싸움

Al Capone

1890년대 미국은 농업 국가에서 근대화된 산업 국가로 이행해가는 중이었다. 많은 시민들은 농촌을 버리고 도시로 가야 한다는 사실을 안타깝게 받아들였다. 그들은 도시에 대해 큰 반감을 갖지는 않았다. 하지만 도시는 가치가 타락한 장소이고 농촌은 가치를 지키는 요새라는 제퍼슨의 생각을 재고하게 됐다.

1893년에 프레더릭 잭슨 터너(Frederick Jackson Turner, 1861~1932, 프런티어 이론을 제시. 영국 식민지 시대부터 북아메리카 대륙에서 펼쳐진 역사를 여러 단계에 걸쳐 개방된 변경 지역의 지속적인 개척 운동으로 해석했다. 미국 역사의 독자성은 서부가 있었기 때문이라고 논하고, 유럽에서 이민 온 미국인은 미개한 서부와의 만남을 통해 독자적인 개인주의적·민주주의적 전통을 창출했다고 주장했다)가 프런티어frontier의 종말을 제창했다. 이에 미국인들은 미국에 뿌리내린 물질주의, 상업주의, 타락 그리고 유럽 도시들의 나쁜 영향을 경고했던 토머스 제퍼슨이 옳았는지를 의심하게 됐다.[1]

많은 사람들은 미국의 결점을 외국인들의 탓으로 돌렸고 제퍼슨은 그 선봉에 섰던 사람이었다. 미국에는 물질주의가 만연했고 상업화와 산업화가 진행되면서 상당한 정도로 악과 연관됐다. 그러나 이러한 변화 과정들을 모두 유럽 이주민들의 탓으로 갖다 붙이기에는 무리가 있었다. 이 책의 중요 관심사인 범죄의 영역에서, 미국 문화는 좀처럼 자신의 역할을 솔직하게 시인하려고 하지 않는다. 알 카포네는 이탈리아인이 아니고 미국인으로 태어났다. 그는 삶의 이중성을 가지고 있는 나라에서 성장했다. 시민들이 고결하고 도덕적으로도 정직함을 보여주었던 법률들이 있었다.

미국은 대부분이 개신교였다. 사람들은 이런 사실에 자부심을 가지고 있었고 힘겨운 노동과 청렴한 삶을 견디면서 자긍심을 갖고 있었다. 미국의 법률도 이를 증언해주었다. 도박은 불법이고 매춘은 허용되지 않았다. 마약—예를 들면 아편—은 비정상적인 중국 이민자들의 악습으로 여겨져 결국 불법화됐다. 주류 소비는 국가에서 금지하기도 전에 많은 지역에서 이미 금지됐다.

겉으로 보기에 미국사회는 이상적인 환경이 갖추어져 누구라도 태곳적부터 인류를 병들게 했던 악에서 벗어나 마음 놓고 가족을 키울 수 있는 나라로 보였다. 그 안을 들여다보면 사정은 그

---

1. Luciano J. Iorizzo and Salvatore Mondello, *The Italian Americans*, rev. ed. (Boston, 1980), p. 137 참조.

리 단순하게 돌아가지 않았다. 법안을 통과시켰던 국회의원들 그리고 그런 법을 집행했던 실무자들이나 경찰들은 모두 한통속으로 법을 위반하면서 보란듯이 이익을 챙기고 있었다. 판사들도 정치인들과 마찬가지로 법을 어기고 있었다.

미국인들은 이 문제의 중심에 있었다. 상당수의 미국인들은 저마다의 쾌락을 추구했다. 술을 마시고 도박을 하며 흥청대고 싶어했다. 여기서 이 사회의 딜레마가 발생했다. 법 제정과 집행을 담당하는 대다수의 공무원들은 소위 희생자 없는 범죄를 나쁘게 생각하지도 않았고 그러한 요구가 상존하는 사회에 법을 무리하게 집행하는 일은 의미가 없다고 보았다. 게다가 그렇게 했다가는 다음 선거에서 자리를 보전하지 못할 위험에 처하게 될 것이다. 유권자들은 자신들이 당한 법적인 조치에 보복이라도 하듯 기존의 생활양식에 관대한 관리들을 선출하려 했다. 각 지역마다 각자의 문제를 해결해야만 했다.

부자가 될 기회는 차고 넘쳤다. 지역 공동체는 공공의 안녕을 위해 불법적인 행위들을 허용하고 거기서 이익을 챙길 수 있었다. 그러나 공무원들은 자신들을 배불릴 행위들을 심심치 않게 할 수 있었고 이들은 무허가 사업을 노골적으로 소유하거나 운영할 수 있었으며 폭력배들을 앞잡이로 세울 수도 있었다. 시간이 지나면서 선출직이나 임명직 공무원들은 점점 더 도박장이나 매음굴을 소유하고 운영하는 폭력배들로부터 뇌물받는 것을 선호하게 됐다.

정치인들은 매춘을 통제하기 위해 뉴올리언스에 홍등가를 만들기로 결정했다. 여기서 나온 수입은 자선 사업에 사용했다. 이 제도는 해군 참모총장이 군대에 막대한 위협을 가했던 성병으로부터 군인들을 보호하기 위한 조치로 제1차 세계대전 동안에 매음굴을 폐쇄할 때까지 충분한 효과를 거두었다. 뉴올리언스 주의 사례에서 택했던 방법은 예외적인 것이었다. 알게 모르게 자신의 이권과 관련해서 이 문제를 다룬 사람들은 바로 대부분의 부패한 공무원들이었다. 그들은 실질적인 운영자 또는 "조용한 동업자"로 부를 축적하고 있었다. 그들은 공무원이 되면 그 기회를 이용해서 성공할 수 있는 시대에 살고 있었다. 대부분의 지역에서도 사정은 마찬가지였고 특히 뉴욕이나 시카고는 눈에 두드러졌다.[2]

카포네가 뉴욕 시 브루클린에서 성장하고 있을 때, 뉴욕 시는 최악의 경찰 독직 사건에 휘말려 있었다. 이 사건은 전혀 뜻밖의 일이라고는 할 수 없었다. 1820년대 이래로 뉴욕 시는 자치 제도

---

2. Herbert Asbury has a number of books dealing with urban crime. 특히 *The French Quarter: An Informal History of the New Orleans Underworld* (New York, 1936); *The Gags of New York* (New York, 1928); *The Barbary Coast* (New York, 1933) 참조.

를 발전시키고 있었다. 다양한 폭력배들로 구성된 폭력단들의 지원을 받아서 정당의 지도자들은 관할권을 얻기 위해 싸웠다. 인근 폭력배들은 부정 투표로 득표수를 올렸다. 심지어 죽은 사람의 이름을 사용해서 투표를 계속했고 반대파로 지목된 유권자들을 투표소로 가지 못하게 막았다.

선거에서 이기기만 하면 경찰력을 장악할 수 있었고 반대당이 차지하고 있던 자리를 모조리 자기네 사람들로 갈아 치울 수 있었다. 또한 선거의 승자는 부수적으로 매춘이나 도박 운영권도 얻었다. 이런 사업들은 막대한 선거 자금과 공무원들의 봉급을 보충할 수 있는 돈줄이 됐다. 종종 매음굴이나 도박장 설립이 허가되기 전에 먼저 상당한 액수의 돈이 요구됐다. 따라서 경찰이 포함된 공무원들은 불법적인 사업에 한몫을 가지고 있었고 뇌물로 이익의 일정 지분을 뜯어냈다. 가끔씩 공권력으로 압력을 가할 필요가 생기면 불시에 단속을 벌여 경고 메시지를 보내고 대외적으로 치안 유지를 효과적으로 한다는 인상을 주었다. 대다수의 뉴욕 시민들은 불법적인 일에 몸담고 있었다. 그러다 보니 개혁 운동은 성공하더라도 대부분 오래가지 못했다. 본격적으로 부당 이득과 부패는 세상을 살아가는 방식이 됐다. 보스 윌리엄 트위드Boss William Tweed 일당은 잘못된 자치권의 가장 유명한 사례이다. 하지만 우리 이야기와 더 연관성이 있는 사례는 다양한 직업을 전전

했던 존 모리시John Morrissey이다.

1834년, 존 모리시 가족은 일곱 여동생들을 데리고 아일랜드를 떠나 가족의 형편이 나아지리라는 희망을 안고 캐나다에 정착했다. 3개월 후에 캐나다에서 빈털터리가 되자 이들은 뉴욕의 트로이로 이주를 했다. 그의 아버지는 가족을 부양할 만큼 충분한 일자리를 찾았다. 아들 존 모리시는 10대 때 바텐더로 일자리를 잡았다. 그는 술만 취하면 아무나 붙잡고 시비를 거는 거리의 싸움꾼이었고 도박꾼, 좀도둑 그리고 다양한 부류의 불량배들로 이루어진 자신의 고객들을 속속들이 꿰고 있었다.

18세가 되자 이미 지역 폭력배의 우두머리로 명성을 날렸고 절도, 살인미수, 폭행 등으로 여러 차례 기소된 적이 있었다. 캘리포니아 주에 골드러시가 시작됐다. 그는 곧 서부로 향했다. 금을 찾아 부자가 되겠다고 생각했다. 하지만 서부에서는 제대로 되는 일이 없었다. 싸움을 좋아하는 성격 탓에 프로 권투 선수가 돼 큰돈이 걸린 경기가 벌어지는 뉴욕에 정착했다. 그의 힘과 결단력과 추진력이 제대로 먹혀 들어갔다. 1853년에 헤비급 타이틀전에서 양키 설리번Yankee Sullivan을 물리쳤다. 그는 37라운드까지 간 이 살인적인 경기에서 2천 달러를 벌었다.

1858년에는 도전자 존 C. 히넌John C. Heenan을 11회에 물리치고 타이틀을 방어했다. 이 경기로 2천5백 달러를 벌어들이고 세게 챔피언 타이틀을 유지한 채 은퇴해서 자신의 재능을 사업과 정치에 전념하기로 결심했다. 챔피언 결정전이 벌어지는 사이에 모리시의 상대였던 한 사람이 살해됐다. 모리시는 살인 혐의로 체포됐지만 결국 풀려났다.

배경이 의심스러웠지만 잘 나가고 있던 태머니파(Tammany, 뉴욕 시의 태머니 홀을 본거지로 하는 민주당의 단체. 뉴욕 시정市政에서 나타나는 부패와 보스 정치를 비유하기도 함)의 대표 이사야 라인더스Isaiah Rynders는 모리시의 범죄 경력을 알아차리고는 이 전직 복서의 잠재적 가치를 간파했다. 그는 태머니를 실망시키지 않았다. 완력과 부정 투표자를 조직하는 능력을 발휘하면서 보스 트위드를 위해 일했다. 그러면서 상당한 명성을 얻어 자신의 존재를 언론이나 반대파에게도 널리 알리게 됐다. 모리시는 그 보답으로 라인더스와 보스 트위드로부터 정치적 보호를 받으며 타의 추종을 불허할 자신만의 경력을 쌓아 올리게 됐다.

남북전쟁 때 모리시는 특급 도박사가 돼 있었다. 하지만 그는 거기서 만족하지 않았다. 1861년에 그는 야심차게 자신의 도박 경영을 사라토가 스프링스Saratoga Springs까지 확장해나갔다. 마침내 그곳에서 미국의 정치, 군, 경제 엘리트 출신 명문 귀족들의 욕구를 채워주었던 카지노를 개장했다. 도박사로 유명해졌고 부정 투표에도 깊숙하게 연루됐다. 하지만 그는 뉴욕 5번가를 대표해서 하원의원이 됐다. 워싱턴에서 두 번의 임기를 마쳤다. 그러면서 국가 자본으로 카지노 형 법규를 만드는 데도 관여했다. 1875년과 1877년에 모리시는 뉴욕 주 상원에 선출됐다. 다음해에 의원직에 있으면서 폐렴으로 생을 마감했다.

사망 당시에 도시 각처에 흩어져 있던 부동산, 경마장, 사라토가의 건물들, 대형 도박 카지노 등에 막대한 지분을 소유하고 있었다. 주 상원의원들이 그의 관을 멨다. 우락부락한 외모와는 달리 마음씨가 따뜻해 밴더빌트Vanderbilt 제독과 같은 귀족에서 평민까지 온갖 계층의 친구들에게 충실했던 그의 죽음을 애도하는 사람들이 많았다. 1만 5천 명이 넘는 사람들이 비를 무릅 쓰고 묘지까지 장례 행렬에 합세했다. 보도에 따르면 그의 자산은 줄잡아 4만 달러에서 25만 달러 정도로 평가됐다.[3]

모리시는 무엇보다도 사업가였고 도박사였고 정치가였다. 그의 이야기는 좋은 시절을 방해했던 제한 입법을 교묘하게 빠져나가는 방법을 모색했던 도박사, 폭력배, 경찰, 정치인, 산업계의 지도자들 사이의 상호관계를 보여주는 많은 사례들 가운데 하나

3. The Morrissey story is detailed in Virgil W. Peterson, *The Mob: 200 Years of Organized Crime in New York* (Ottowa, Ill., 1983), pp. 35—95 passim; see also the entry in *Biographical Directory of the United States Congress 1774—1989*, Bicentennial ed. (Washington, D.C.: G.P.O. 1989), p. 1539. *New York Times*, 3 May 1878 has Morrisey's obituary. *The Dictionary of American Biography* (New York, 1934), vol. 7, pp. 233—234, contains a two column entry on Morrissey.

일 뿐이었다. 이런 상황을 살펴보면, 경찰 서장 보좌 찰스 베커Charles Becker의 비극이 어떻게 발생할 수 있었는지를 이해하기가 한결 쉬워진다.

허먼 로젠탈Herman Rosenthal은 베커에게서 1천1백 달러를 빌려 맨해튼 중심가에 도박장을 열었다. 베커는 로젠탈에게 자신이 내세운 대리인 잭 로즈Jack Rose를 동업자로 받아들여야 한다는 조건을 내걸었다. 베커의 몫은 이익의 25%였다. 이러한 비율은 경찰 간부에게는 상당히 수지맞는 일이었다. 그의 봉급이 1년에 2천 달러가 안 되는 시절에 한 번에 6만 달러에 가까운 돈을 은행 구좌에 입금할 수 있게 됐던 것이다. 욕심이 생긴 베커는 자신의 몫을 올리려 했고 이에 로젠탈은 주춤했다. 계속해서 이 도시 전체에 도박의 열기가 후끈 달아올랐다.

베커는 로젠탈에게 불시 단속을 벌여야겠다고 통보했다. 이런 짓은 도박이나 범법 행위에 연루된 경찰들이 자신들의 행적을 숨기기 위해 벌이는 연례 행사였다. 로젠탈은 이에 강한 거부감을 표시했고 자신이 경찰의 착취에 대해 가지고 있던 불만을 공공연하게 드러냈다. 이에 대한 보복으로 베커는 네 명의 암살자를 고용해서 로젠탈을 살해했다. 판사는 베커와 네 살인자들의 유죄를 밝혀냈다. 주 정부는 사건에 연루된 사람들을 싱싱 교도소에서 전기의자로 사형에 처했다.[4]

1840년대에 시카고는 변방 도시였다. 도박은 불법이었지만 관계 당국은 오히려 도박을 부추겼다. 술집 주인과 택시 운전사들의 도움으로 전문 도박사들은 어느 곳에서든 게임을 할 수 있게 됐다. 사설 클럽들은 나름대로 명사들이나 부자들의 요구를 채워주었다. 경찰은 권력자들과 결탁했다. 결국 어느 정당이건 당시 권력을 갖게 된 정치 정당의 통제 아래 놓이게 됐다. 그 다음 100년이 넘는 기간 동안에 공권력은 정치권의 통제를 받았다. 공무원이 무슨 일을 벌여도 경찰은 개입할 힘이 없었다. 당시에 경찰 자체도 이권에 연루돼 있었다. 이런 상황은 미국의 모든 도시에서 벌어지고 있었다.[5]

시카고는 경찰 부패의 대명사가 됐고 처음부터 단속이 허술한 도시가 됐다. 유권자들은 공공연하게 암흑가의 도움을 받고 있던 시장 후보자를 거리낌 없이 선출했다. 몇몇 개혁적인 시장들 뿐만 아니라 정직한 사람들은 도시의 얼굴을 영구적으로 바꾸는 데 거의 성공하지 못했다. 유권자들은 다음 선거에서 투표를 통해 개혁적인 정치가들을 쫓아냈다.

---

4. Becker's tale is told in detail in Peterson, *the Mob*, pp. 116—121.

5. David R. Johnson, *American Law Enforcement: A History* (St. Louis, 1981). 또한 Ovid Demaris, *Captive City: Chicago in Chains* (New York, 1969); Virgil W. Peterson, *Babarians in our Midst: A History of Chicago crime and Politics* (Boston, 1952) 참조.

열린 도시라는 생각을 지지하며 소위 조직범죄의 기틀을 마련했던 인물은 바로 마이클 카시우스 맥도널드Michael Cassius McDonald였다. 그는 남북전쟁 동안에 아일랜드 사람들을 결집시킬 수 있었다. 그는 길거리의 도박꾼에서 정치적 거물로 성장하면서 시카고에서 최초로 영향력 있는 정치 조직을 만들었다. 그는 도박에서 얻은 이윤으로 많은 정치인들의 진로를 재정적으로 밀어줄 수 있었다. 그의 도박장은 도시 고위 공무원들의 본부가 됐다. 그는 일리노이 주와 인디애나 주의 경마장에서 운영됐던 사설 마권업 신디케이트를 만드는 데 중요한 역할을 했다. 맥도널드가 정치인들과 맺고 있었던 협력 관계는 공식적인 승인을 받으며 불법적인 사업을 꾸려가야 했던 전국의 도박사들에게 본보기가 됐다. 그는 사회적으로 존경받는 인사가 되고 싶어했다. 그래서 「시카고 글로브」를 사들였고 엘리베이티드 철도 회사의 재무 담당자가 됐다. 결국 맥도널드는 시카고의 거물이 됐고 시장에 선출된 만큼 힘을 갖게 됐다.

맥도널드는 자신의 사업에서 성공하면서 불운도 뒤따랐다. 그의 결혼생활은 어려움의 연속이었다. 첫 번째 부인은 그를 버렸고, 두 번째 부인은 불륜 관계에 있던 젊은 남자를 총으로 쏴 죽였다는 혐의를 받았다. 이 일로 맥도널드는 깊은 충격을 받았고, 신경 쇠약에 걸려 결국 1907년 8월 9일에 숨을 거두었다. 부패한 정치가이자 사업가이긴 했지만, 맥도널드는 사람들이 새롭게 도시로 유입될 수 있는 환경을 조성하면서 소도시가 대도시로 발전할 수 있는 활력을 마련해주었다.

언론에서는 사람들이 무방비 상태의 도시로 유입되고 있다는 사실을 인정했다. 이런 시대적 배경 속에서 일부의 사람들이 카포네를 시카고에서 긍정적인 영향력을 가진 사람으로 본다거나 혹은 카포네가 "나는 사람들이 사고자 하는 것들을 미국의 오랜 방식에 따라 공급해주는 사업가일 뿐이다"라고 진지하게 강변한다고 해서 이상할 것이 있겠는가?[6]

이 밖에 맥도널드가 범죄조직의 발전에 기여했다는 사실은 주목해야 한다. 맥도널드는 도박사들이나 여러 부류의 깡패들이 폭력을 최소화하면서 조직적인 방식으로 사업을 할 수 있었던 실질적인 본보기를 제공해주었다. 일찍이 그는 조직적인 범죄 활동의 이점을 증명해 보였고 맥도널드를 추종했던 사람들은 그가 남긴 모델이나 개척했던 사업 기회에만 매몰되지는 않았다. 가장 좋은 사례는 빅 짐 콜로시모의 이력이다.

콜로시모는 철도 보선구 작업반을 거쳐 시카고로 들어온 이탈리아 최남단 칼라브리아Calabria 사람이었다.[7] 철도와 제휴해서 일

---

6. Henry D. Spalding, *Joys of Italian in Humor* (New York, 1997), p. 253.

하는 이주 노동자 중개인들이 조성한 이탈리아 이주민들은 이주 희망 지역에 정착할 수 있는 이동권을 보장받았다. 철도는 이민자들이 미국의 유통 구조를 형성하는 데 중요한 역할을 했다. 철도 회사에서는 이탈리아 출신 이주 노동자 중개인들을 고용해서 이탈리아에서 이민자들을 수소문해 미국의 동부 해안에 위치한 항구 도시, 보통은 뉴욕 시로 데려오게 했다. 철도 작업반에 소속돼 이주 노동자 중개인들의 감독을 받으면서 전 미국에 흩어져 일했던 노동자들의 숫자는 상당했다.[8]

시카고로 유입됐던 많은 이주자들과 마찬가지로 콜로시모도 기회를 찾아 이 도시에 정착했다. 그는 길거리 청소부로 시작해 퍼스트 워드First Ward에서 이탈리아 출신 동료들을 정치 단체로 조직했고 이런 움직임은 앨더멘 존 "목욕탕" 커플린과 마이클 "속임수Hinky Dink" 케나의 관심을 끌게 됐다. 이들은 콜로시모를 민주당을 지지하는 관내 대표로 만들었다. 커플린과 케나는 퍼스트 워드에서 다채로운 경력을 지닌 정치 보스였고 이 지역에

---

7. Humbert S. Nelli, *The Italians in Chicago, 1880-1930: A Study in Ethnic Mobility* (New York, 1970), p. 149. 또한 Humbert S. Nelli, *The Business of crime: Italians and Syndicate crime in the United States* (New York, 1976) 참조. 이 책들은 콜로시모와 많은 이탈리아계 미국 갱스터에 대한 충실한 자료들을 싣고 있다.

8. Luciano J. Iorizzo, *Italian Immigration and Impact of the Padrone System* (New York, 1980), especially pp. 161-209 참조.

서 매춘과 기타 범법 행위를 관리했다. 이들의 트레이드마크는 1
년에 한 번씩 끈적끈적한 분위기의 방탕하고 질펀한 무도회를
여는 것이었다.

매춘 업소나 도박장을 경영하는 사람들은 이 두 사람이 휘두
르는 막강한 법의 영향력을 두려워해서 울며 겨자 먹기로 표를
사야 했다. 자신의 신분을 감추기 위해 마스크를 쓴 채로 많은 저
명인사들이 이 시끌벅적한 기금 모금에 참석했다. 이 행사는
1973년에 다시 재개됐고 1973년 10월 16일자 「뉴욕타임스」의 보
도에 따르면, 이 무도회의 하이라이트는 시카고 시절에 카포네
가 재즈의 열광자이자 지원자였다는 사실을 끼워 맞추면서 펼쳐
진 알 카포네 메모리얼 재즈 밴드의 공연이었다.

콜로시모는 도시를 좌지우지하는 권력의 결정권은 지하 세계
가 장악하고 있다는 점을 재빨리 간파했다. 그는 도박이나 불법
주류 판매 등에서 수익을 올리는 여러 불법 사업에서 범죄 조직
(혹은 조직 폭력단)을 이끈 최초의 이탈리아인이 됐다. 부인 빅토
리아 모레스코Victoria Moresco와 함께 자유롭게 매춘 업소를 경영
하는 대가로 "속임수"와 "목욕탕"을 지원했다. 그의 합법적인 사
업인 콜로시모 카페는 엄청난 성공을 거두었다. 이 카페는 부자
들과 유명인들을 불러들였다. 이곳에 가면 사람들은 엔리코 카
루소나 조지 M. 코핸 그리고 야간 업소에 자주 나타나는 스타급

인사들과 친분을 맺을 수도 있었다.

콜로시모는 매춘과 도박으로 엄청난 성공을 거두면서 흑수단들이 군침을 흘리는 목표가 되기도 했다. 상당한 액수를 뜯어낼 요량으로 흑수단들은 돈 냄새가 나는 사람들이라면 가리지 않고 협박을 일삼았다. 특히 콜로시모 같은 성공한 악당에게는 더욱 관심을 보였다. 결국 콜로시모는 신변보호를 위해 브루클린 출신 이탈리아 이민자 조니 토리오Johnny Torio를 끌어들였다. 흑수단으로도 그리고 흑수단들과의 싸움에서도 성공을 거둔 토리오는 세심하게 일을 준비해서 이 문제를 해결했다. 그는 협박범들을 유인할 목적으로만 그들의 요구를 들어주는 데 동의했다. 몇몇을 살해하기도 했고 겁을 주어 쫓아내기도 했다. 콜로시모는 큰 짐을 덜게 됐다. 시간이 지나면서 콜로시모는 카페에서 더 많은 시간을 보냈고 오른팔 토리오에게 매춘이나 기타 불법적인 사업 운영을 넘겨주었다.

콜로시모는 너무 과분한 성공에 빠져 금주법 때문에 생긴 성장의 기회에 힘을 집중하지 않았다. 더욱이 젊은 여배우 데일 윈터스Dale Winters에게 빠져서 빅토리아와 이혼을 하고 데일을 두 번째 부인으로 맞았다. 결국 그는 자신이 원했고 필요했던 돈을 거머쥐게 됐고 꿈에 그리던 여인을 얻게 됐다. 그에게는 더 이상 바랄 것이 없었다.

조니 토리오는 생각이 달랐다.[9] 금주법은 황금 같은 기회를 제공해주었다. 만일 빅 짐이 사업을 계속 추진하도록 설득할 수 없었다면 빅 짐은 사라져줘야만 했을 것이다. 오래가지 않아 1920년 5월 11일에 콜로시모는 살해됐다. 쫓겨난 전처 빅토리아 혹은 토리오가 이 살인을 주문했는지 여부는 아무도 모른다. 정치적 음모설과 함께 케나와 콜로시모가 오랫동안 독점했던 일들을 노리고 있던 이탈리아계 폭력단 경쟁자들에게 초점을 맞춘 제3의 가능성도 제기됐다. 어찌됐건 결과적으로 이 기회를 최대한으로 이용하려는 토리오에게 문이 열린 셈이었다. 그는 독자적으로 조직을 키워갔다. 하지만 이 일을 진행하기 전에 토리오는 사라진 지도자에게 마지막 경의를 표해야 했다.

짐 콜로시모의 경야經夜와 장례식을 통해서 범죄자들, 사업가들, 선출직 공무원들 그리고 모든 계층의 사회 구성원들 사이에 얽히고설킨 긴밀한 관계들, 심지어 우정마저도 드러나게 됐다. 경야 때, 관 앞에 무릎을 꿇은 커플린은 성모송을 암송하도록 조문객들을 이끌었다. 이후에 커플린과 케나가 장례 절차를 이끌었는데 퍼스트 워드 민주 클럽 회원 1천 명도 함께했다. 조직 폭

---

9. 토리오는 여러 출처에서 다루고 있지만 John J. McPhaul, *Johnny Torrio, First of the Gang Lords* (New Rochelle, 1970) 참조; 토리오에 관한 많은 사이트는 www.crimemagazine.com/torrio에서 이용할 수 있다.

력배까지 포함해서 5천 명이 넘는 사람들이 참석했다.

조니 토리오도 거기에 있었다. 판사들, 시의회 의원들, 국회의원들 그리고 주 하원의원들이 도박사들과 살롱 소유자들과 나란히 운구하는 사람들 사이에 있었다. 확실히 짐 콜로시모의 세계에서 선과 악은 구분되지 않았다. 수십 년이 지난 후 법을 집행하는 공무원들은 범죄자들의 장례식이라고 해서 다른 장례식과 다를 것이 전혀 없다는 생각에 따라 행동하기 시작했다. 친구들과 친지들은 마지막 경의를 표했다. 조직범죄에 연루된 인물들과 싸움을 벌이고 있는 공권력, 특히 FBI에서는 참석자들을 촬영하기 시작했다. 이 사실이 알려지면서 폭력단들의 장례식은 엄격하게 외부와 단절된 집안일이 됐다. 변화는 다른 방향에서도 일어나고 있었다. 그동안 우정이야말로 지하 세계와 지상 세계가 관계를 맺는 데 중요한 요소였다. 하지만 이제 이들을 묶어주던 인간 관계를 돈이 대체했다.

조니 토리오는 순식간에 자신을 시카고의 실력자로 자리 매김했다. 토리오는 두 살이 되던 1884년에 부모와 함께 이탈리아에서 미국으로 이민을 왔다. 뉴욕의 이스트사이드 아래 동네에서 자란 그는 악명 높은 파이브 포인트 갱단에 끌리게 돼 어린 나이에 제임스 스트리트 갱단 분파에서 두각을 나타냈다.

몸집은 작았지만, 성격이 거칠기로 유명했던 그는 그를 괴롭

히던 폭력배들에게 고용됐다. 아마도 이런 재능 때문에 빅 짐 콜로시모가 그를 시카고로 불러들여 돈 많은 시골 촌뜨기들에게서 손쉽게 돈을 뜯어내려는 수많은 흑수단들을 물리쳐달라고 했는지도 모른다. 토리오는 시카고의 거물급 포주들과 잘 어울렸다. 토리오는 뉴욕의 바나 매춘 업소에서 일했던 경험이 있어서 삼촌의 매춘 업소를 무리 없이 운영했다. 게다가 업소들을 확장해서 의외로 알짜배기 사업 몇 가지를 추가하기까지 했다.

미국 역사상 가장 똑똑한 범죄자 가운데 한 사람으로 여겨졌던 토리오는 폭력을 피해 협력을 도모했고 경쟁자들, 정치인, 공무원들 그리고 판사들과 이익을 나누는 편이 이롭다는 것을 알고 있었다. 그는 발 빠르게 움직여 시카고의 여러 폭력 조직들을 연합시키려 했고 신변을 보호해주고 이윤을 나누어준다는 조건으로 지휘권을 가지려 했다. 이 일로 몇몇 조직들 특히 당시에 이탈리아인들에게 반감을 가지고 있던 아일랜드계 두목들과 불협화음이 일기는 했지만, 1920년대 토리오는 엄청난 성공을 누렸다. 시카고는 상대적으로 평화로운 공동체였다. 이러한 협력 관계는 주류 분야는 물론이고 도박 사업에서도 이루어졌다.

1921년, 토리오는 브루클린에서 안면을 텄던 알 카포네를 불러들여 경호원으로 고용했다. 카포네는 사업 수완을 발휘하면서 충성을 다 바쳐 일했고 곧 토리오의 오른팔이 됐다. 1922년에서

1924년까지, 토리오는 카포네와 손잡고 시카고에서 가장 무서운 범죄자로 꼽히는 디온 오배니언Dion O'Banion과 제휴하면서 시카고 전역에 불법 도박 사업을 펼쳐나가려고 실질적인 노력을 기울였다. 이 사람들은 시카고의 대중 카지노 십Ship을 공동으로 소유했다. 하지만 이러한 평온함은 차기에 개혁적인 시장이 들어오게 되면서 깨지기 시작했고 그 영향으로 토리오는 공동으로 도시를 운영할 수 있을 정도로 보호막이 되지 못했다. 개혁은 예기치 않은 결과를 가져왔다. 오래지 않아 혼돈이 지배하는 시대가 왔다. 시카고는 전국에서도 타의 추종을 불허하는 폭력과 부패로 명성을 얻게 됐다.

금주법이 발효됐을 때, 일부 양조 업자들은 사업을 계속하기로 결정하면서 폭력배들을 전면에 내세우기로 했다. 대다수의 업자들은 양조장을 팔기로 결정했고 그 대부분은 폭력배들에게 팔았다. 경제학자들의 말에 따르면 불법 사업에 뛰어들었던 사람들은 나름대로 합리적으로 계산을 해서 결정을 내린 일반인들이었다. 경제학자들이 사용하는 기회 비용이라는 말로 이 사태를 설명할 수 있다. 이 말은 "뭔가를 얻으려면 반드시 다른 뭔가를 희생해야 한다."는 뜻이다.[10]

범죄자들은 자신들의 합법적인 소득과 불법적인 소득을 계산하고 자신들의 행위로 체포돼 재판을 받고 유죄 확정을 받아 감옥에 갈 수도 있다는 점을 심사숙고한다. 또한 그들은 매 단계마다 빠져나갈 구멍이 있다는 것도 알고 있다. 체포되는 사람보다 재판을 받게 된 사람이 더 적고 재판을 받더라도 유죄 판결을 받는 경우는 훨씬 더 드물다. 그리고 유죄 판결을 받는다고 해서 모두 감옥에 가는 것도 아니다. 범죄자들은 만일 잡혔을 경우 감옥에서 지불해야 하는 비용이 얼마나 될지를 계산한다.

1920년대 술을 팔았던 조직 폭력단들은 어마어마한 이익을 예상했다. 그들은 1년에 벌어들일 수 있는 수백만 달러의 돈이 경찰에 잡혀서 아무리 길게 잡더라도 감옥에서 썩어야 할 시간을 벌충하고도 남는다고 판단했다. 여러 도시 지역에서 금주법 폐지를 지지하는 전반적인 분위기가 팽배해 있었고 공무원들까지도 자진해서 반대하고 있었기 때문에, 범법자들은 처음에 기회는 자신들의 편에 있어서 체포되지 않고도 사업할 수 있다고 믿었다. 토리오의 계획은 전혀 다른 그룹을 함께 엮어서 평화를 유지하며 불법적으로 운영하는 것이었다.

많은 폭력단들이 토리오의 계획에 연루됐다.[11] 주요 폭력단에

10. Richard F. Sullivan, "The Economics of Crime: An Introduction to the Literature," in *An Economics Analysis of Crime: Selected Readings*, by Lawrence J. Kaplan and Dennis Kessler (Springfield, Ill., 1976), pp. 15—27.

11. Jay Robert Nash, *Bloodletters and Badmen: A Narrative Encyclopedia of American Criminals from the Pilgrims to the Present* (New York, 1973), pp. 554—561 참조.

는 웨스트사이드 안쪽 지역을 장악했던 테리 드러건Terry Druggan-프랭키 레이크Frankie Lake 등이 포함됐다. 이들은 금주법 이전에 조니 토리오와 시카고에서 손꼽히는 합법 양조 업자 가운데 한 사람이었던 조셉 스텐슨Joseph Stenson과 연계됐다. 돈과 명예를 함께 지닌 스텐슨은 사업을 계속하면서 토리오에게 니어 비어 near beer(알코올 성분이 법정률인 0.5% 이하인 약한 맥주)와 진짜 맥 주를 공급해주었고, 이 두 사람은 "범죄의 두 제왕"으로 알려지 게 됐다.

"폴란드 사람 조" 살티스-프랭키 매컬레인Saltis-Frankie McErlane의 조직은 오도넬 파와 함께 시카고의 남쪽에서 활동하고 있었다. 토 리오를 지지하는 매컬레인 파와 토리오의 계획에 미온적으로 참 여하고 있던 이 두 계파 사이의 갈등은 결국 시카고를 사격장으로 만들어버린 맥주전쟁으로 비화되고 말았다. 오도넬 파에는 에드 워드 '스파이크', 스티브, 월터 그리고 토미가 포함돼 있었다.

1923년 여름 스파이크가 졸리엣 교도소에서 출소할 때까지는 일이 잘 풀리고 있었고 스파이크는 막강한 영향력을 가지고 있었 다. 강도죄로 감옥에 있을 때 주 상원의원들, 주 하원의원들, 쿡 카운티 형사, 법원 판사가 그의 가석방을 지원했다. 그의 오랜 친 구인 주지사 렌 스몰Len Small은 석방 문서에 기꺼이 서명했다. 가 석방으로 나온 후, 스파이크는 새로운 사업 방식과 그 배후에서 주도권을 쥐고 있던 이탈리아인을 받아들일 수 없었다.

그는 독자 노선을 요구하면서 토리오의 영역으로 밀고 들어가기 시작했다. 토리오가 소유한 맥주 트럭을 납치하고, 토리오, 살티스 그리고 매컬레인의 물건보다 자기 물건을 취급하라고 주류 밀매점들과 중무장한 술집 운영자들에게 훼방을 놓았다. 이에 대한 보복으로 토리오의 명령에 따라 살티스와 매컬레인(지하 세계에서 처음으로 톰슨 기관단총을 사용했던 인물)은 오도넬 파 조직원들을 무수히 살해했다. 매컬레인의 기관총 세례에 상처를 입은 스파이크는 급속하게 의지력이 꺾여 소동을 그만두었다.

다른 폭력 단체들과 평화롭게 공존하려는 토리오의 계획은 차질을 빚기 시작했다. 1923년 개혁적인 시장 윌리엄 E.데버William E. Dever가 선출되면서 그의 계획은 더욱 흔들리게 됐다. 전임자인 윌리엄 헤일 톰슨William Hale Thompson이 있을 때만 해도 지하 세계에는 자발적인 동업자가 있어 시카고를 무방비 도시로 만들 수가 있었다. 관계 당국은 토리오의 통제 하에 폭력단들을 비호했다. 그래서 폭력단들은 이윤을 나누어 가질 수 있었고 상대적으로 자유롭게 법망을 피할 수 있었다.

합법적인 세계와 불법적인 세계 모두 좋은 시절을 지내고 있었다. 불법적으로 주류를 생산하고 유통시키는 자들과 동업 관계를 맺으려 하지 않았던 시장이 들어서면서, 토리오는 더 이상 불법 행위에 연루된 사업체들을 보호할 수 없게 됐다. 잠재적인 경쟁자들을 통제할 중요한 수단을 잃고 말았다.

웨스트사이드에는 사우스사이드 파들과 관계가 없는 오도넬 파가 자리 잡고 있었다. 여기서 윌리엄 클론다이크William Klondike, 버나드Bernard, 마일스 오도넬Myles O'Donnell이 모든 아일 랜드계 폭력 조직을 이끌었다. 토리오가 데버 시장으로부터 압력을 피하기 위해 시세로를 인계받고, 지원을 받는 대가로 오도 넬에게 이권의 일부를 떼어주면서 두 측은 합의했다.

두 사람은 자신의 사업장에서 각자의 운영권을 유지하면서 이 지역의 다른 영업장은 모두 토리오와 그의 회사가 소유하게 됐 다. 문제가 생길 때마다 오도넬 파는 필요한 만큼 토리오 연합 측 에 완력을 사용했다. 이런 방식은 1920년대까지 토리오에게 잘 먹혀들었다. 그러나 토리오가 자리에서 물러나고 카포네가 사업 을 떠맡으면서 사정은 바뀌었다.

제나 형제들(안젤로, 안토니오, 마이크, 피트, 샘 그리고 빈첸초 "짐")은 시카고의 웨스트사이드 근처 리틀 이탈리아 외곽을 관 리했다. 이들은 마르살라, 시칠리아 출신이었고 모두 시칠리아 일파였다. 이 시절 많은 이탈리아인들과 마찬가지로 이들은 자 기들 고향 출신이 아닌 사람들을 좀처럼 받아들이려고 하지 않 았다.

흑수단 활동과 매춘으로 경력을 쌓은 이들 여섯 형제들은 1920년대에 들어서면서 주류 제조에 뛰어들었다. 이들은 주변의 이탈리아인들을 고용해서 수백만 달러짜리 사업을 구축했다. 이들은 거의 독약에 가까운 질 낮은 술을 만들었고, 이 술은 소비자들에게 치명적인 위험이 될 수도 있었다.

이들의 주 고객은 토리오-카포네였는데 나중에 두 사람을 해치려고 했다. 이 일과 마르살라 출신의 존 스칼리스John Scalise와 앨버트 안셀미Albert Anselmi라는 신참들을 받아들인 일은 치명적인 실수가 됐다. 토리오가 지휘권을 가지고 있을 때만 해도 이들은 오배니언 파보다는 토리오 조직의 지원을 기대할 수 있었다.

엄청난 이윤을 평화롭게 나누려는 토리오의 계획에 최대의 걸림돌이 된 것은 바로 노스사이드의 디온 오배니언 파였다. 초기에 오배니언은 가판대와 배달 구역을 둘러싼 시카고 신문 전쟁에서 싸움꾼으로 경력을 쌓았다. 그는 그와 비슷하게 펼쳐질 주류전쟁에도 안성맞춤이었다.

한때 복사服事였던 오배니언은 독실한 가톨릭 신자였고 그의 꽃가게는 성명聖名 성당 건너편에 자리하고 있었다. 그의 가게에서 파는 아름다운 꽃 장식은 특히 암흑가의 싸움에서 사라진 망자를 위한 최고의 기념물이었다. 매일 가게에서 일하는 오배니언을 보았던 사람들은 매일 미사에 참석했던 착실하고 독실한 이 사람이 항상 권총 세 자루를 가지고 다니며 줄기차게 살인과 폭력에 연루돼 있는 열혈 폭력배일 거라고는 꿈도 꾸지 못했을 것이다. 그는 도시에 가장 질 좋은 주류를 공급했지만 술은 입에도 대지 않았다.

또한 매춘에도 전혀 관여하지 않았다. 그가 한창 잘 나갈 때 노스사이드 지역에는 단 한 곳의 매춘 업소도 운영하지 않았다. 게다가 즉흥적으로 사람들에게 총질을 하지도 않았다. 그는 선거에서 지원을 받으며 개인적으로 빚을 지게 된 정치인들과 원만한 관계를 유지하면서 곧바로 시카고에서 가장 무시무시한 살인자로 등극했다. 그는 최대의 난적 알 카포네와 마찬가지로 가난한 사람들 특히 자신이 실수로 피해를 입혔을 수도 있는 사람들에게는 관대했다.

금주법이 시행되기 전부터 오배니언은 하이미 웨이스Hymie Weiss와 조지 "벅스" 모런George Bugs Moran과 짝을 이루어 강도와 절도짓을 하고 다녔다. 이들은 모두 가톨릭 신자였다. 웨이스는 폴란드 출신이고 모런은 아일랜드와 폴란드 혼혈이었다. 이들은 조니 토리오 및 알 카포네의 철천지원수가 됐다. 모런의 특기는 전문적으로 캐나다에서 위스키를 수입하는 것이었다. 말쑥하고 교양 있는 웨이스는 술수와 담력으로 유명했다. 그는 오배니언의 경솔함과 거친 성미를 조절하다가도 필요할 때면 냉혈한 살인자로 변했다.

그 뛰어난 머리로 그는 "일방통행"이라는 복수 방법을 만들었다. 이 방법은 결국 조직 범죄단들이 누군가를 제거하기로 결정했을 때 선택하는 방법으로 됐다. 실제로 이 방법은 범죄 세계에서 경쟁자들을 제거하는 방식으로 사용됐다. 희생자는 돈벌이가 될 만한 사업 협상을 하자는 구실로 자동차로 유인된다. 일단 차에 타면 희생자는 멀리 떨어진 외딴 곳으로 끌려가서 총으로 살해돼 인적이 드문 지점에 매장됐다. 암살자들은 눈치 채지 못한 희생자가 운전자 옆에 앉아 있는 동안 뒷좌석에서 덮쳐 목 졸라 죽이는 경우도 있었다.

웨이스는 또한 묵주를 가지고 다니면서 스트레스를 많이 받을 때마다 손가락으로 굴린다고도 알려졌다. 오입쟁이였다가 한 여자만을 사랑하는 남자로 수시로 바뀌는 웨이스의 모습에서 금주법 시대 최고의 범죄자들이 지니고 있던 복잡다단한 성격의 일면을 자세히 들여다볼 수 있다. 웨이스와의 관계를 아름답게 미화하는 정부情婦나 이런저런 일로 그와 엮인 사람들은 그를 변호사나 대학교수로 오해할 수도 있었다.

오배니언 파는 노스사이드에서 자신들의 영역에 머무르는 데 동의했다. 하지만 토리오의 계획에 반기를 들었던 절친한 친구들, 사우스사이드 오도넬 파가 샬티스-매컬레인에 의해 1923년에서 1924년 사이에 제거되기 시작하면서 들고 일어났다. 웨이스와 오배니언은 살티스-매컬레인이 일으킨 싸움의 배후에 알 카포네가 있다고 믿고 있었지만, 조직의 리더로서 토리오는 용서할 수 없었다. 결국 토리오가 시카고를 떠나기로 결심하고 사업체를 자신의 오른팔 알 카포네에게 넘기도록 한 것은 오배니언의 농간이었다.

오배니언 파는 노스사이드 구역을 지키기로 동의했다. 하지만 디트로이트의 퍼플 갱단이 공급하는 토리오의 최고급 주류를 빼돌리면서 자기 구역을 벗어나는 모험을 자주 감행했다. 이들은 심지어 데버 시장 때문에 시카고에서의 사업 운영이 어려워지자 사업을 계속하기 위해서 토리오가 새로 마련한 시세로의 영업 구역까지 치고 들어갔다.

토리오는 손을 좀 봐줘야 한다는 카포네의 충고에도 불구하고 오배니언 파와 협상을 통해서 일을 처리하려는 헛수고를 했다. 수십 차례의 모임을 가진 후, 오배니언 파는 토리오의 영역을 존중해주기로 합의했지만 그후로도 아무 거리낌 없이 합의 사항을 어겼다. 카포네는 몹시 화가 났고 오배니언을 죽이고 싶었지만 토리오가 허락하지 않았다. 그의 목적은 평화로운 공존이었다. 선택할 수 있는 방법은 중재였다.

오배니언은 툭하면 토리오의 조직원들에게 모욕을 가하거나 공격을 일삼았다. 그는 이탈리아인들과 시칠리아인들에 대한 반감 때문에 인종을 차별하는 저속한 말들을 사용했다. 그가 가장 즐겨 쓴 말은 스파게티벤더Spaghetti-benders였다. 안젤로 제나는 도박을 좋아해서 도박장에서 수시로 거액을 잃었다. 토리오는 제나에게 노름빚을 갚으라고 닦달하지 않았는데 오배니언은 모두 갚으라고 종용했다. 제나 형제들은 격분했고 오배니언을 죽이고 싶어했다. 이 무렵에 카포네의 총잡이들 몇 명이 살해됐다. 전면전이 발발할 듯한 기세였다.

그러다가 1924년 5월에, 오배니언은 겉으로만 마음을 바꾸는 척했다. 오배니언은 시카고 최고의 양조장인 지벤Sieben의 경영권을 가지고 있었다. 지겹도록 일을 할 만큼 했다고 주장하면서 은퇴하고 싶다는 의사를 밝혔다. 지벤에 가지고 있던 지분은 물론이고 카지노 십의 도박 운영권 지분도 토리오에게 팔겠다고 제안했다. 토리오는 그의 제안을 진실로 받아들였다. 마침내 자신의 방식이 성공을 거둔 셈이었다.

평화적인 방식이 끔찍한 전쟁에 승리를 거두었다. 그는 오배니언에게 현금으로 50만 달러를 주었다. 약속 장소는 1924년 5월 19일 지벤으로 결정됐다. 토리오는 그 장소에서 오배니언과 웨이스를 만나기로 했는데 실제로 맞닥뜨린 사람은 20명이 넘는 시카고 경찰들이었다. 토리오는 함정에 빠졌다는 사실을 알게 됐다. 이제 그에게 조언해줄 사람은 필요치 않았다. 오배니언이 제거돼야 하는 순간이 온 것이다.

토리오는 오배니언을 제거하는 일이 쉽지 않으리라고 생각했다. 아일랜드 출신 오배니언은 항상 무장을 하고 다녔고 부지불식간에 자신을 암살하려는 시도에도 경계를 늦추지 않았다. 그는 토리오가 부리는 사람들, 특히 위험스런 인물들을 대부분 파악하고 있었다. 다시 한번 토리오는 콜로시모를 살해한 일급 총잡이 프랭키 예일을 불러들였다. 그는 앨버트 안셀미와 존 스칼리스와 함께 뉴욕에서 왔다. 다음에 일어난 일들은 대체로 신빙성 있게 받아들여지는 내용이다. 누가 이야기하느냐에 따라서 이 사건을 주도한 주범들만이 달라졌다.

시카고의 친목 단체 시칠리아 연합Unione Siciliana의 회장 마이크 메를로Mike Merlo가 암으로 사망했다. 이 지역 사회의 폭력 조직들과 원만한 관계를 유지해온 유망한 이탈리아계 미국인이었기 때문에 그의 장례식에는 꽃값으로 수십만 달러가 들어갔다. 이 꽃의 대부분은 폭력 조직의 장례식에 비공식적으로 꽃을 댔던 오배니언이 조달한 것이었다.

누군가가 사망하게 되면, 일반적인 관례에 따라 장례를 치를 때까지 비공식적으로 휴전 상태가 유지됐다. 이에 따라 오배니언도 경계를 풀었다. 죽기 전날 밤, 프랭키 예일 아니면 존 스칼리스가 오배니언에게 전화를 걸어 메를로의 장례식에 쓸 꽃을 주문했고 다음날 아침에 친구 몇 명과 함께 주문한 물건을 실으러 가겠다고 말했다.

다음날 정오 무렵에 세 사람이 찾아왔을 때 오배니언은 주문한 꽃을 가지러 온 줄 알고 통상적으로 인사를 건네려 손을 뻗었다. 이 세 사람은 악수를 하러 다가왔고 이들 가운데 한 사람이 오배니언의 손을 세게 잡고 있는 동안 다른 두 사람들이 무기를 꺼내 총을 쏘아 오배니언은 그 자리에서 죽었다. 하이미 웨이스는 복수의 칼날을 갈았다.

곧바로 토리오는 집을 나와 몸을 숨겼다. 그러나 웨리스와 모런의 기습을 받고 심각한 상태로 병원에 입원을 했다. 카포네의 부하들은 웨이스가 병원에서 일을 끝내지 못하도록 토리오를 지켰다. 병원에서 기운을 차리면서 토리오는 미래에 대한 장고에 들어갔다.

그는 여전히 평화와 협력을 기반으로 하는 자신의 사업 방식이 조직범죄에도 성공적으로 적용될 수 있다고 믿고 있었다. 그의 사업 모델은 현대의 프랜차이즈 사업의 효시가 됐고[12], 자동차나 패스트푸드 또는 컴퓨터용 집팩Zip pack 같은 제품을 전국적

12. 조직범죄의 비즈니스 모델과 현대 프랜차이즈 운영에 유사한 점이 없다는 것은 스위들로 박사 덕택에 알게 됐다.

으로 판매하거나 유통시키는 데 효과적이었다. 하지만 시카고에서 그와 같이 법을 지키는 방식이 먹혀들기에는 시기상조라고 결론을 내렸다. 시카고는 토리오가 머물 장소가 아니었다. 그는 사업 운영권을 모두 카포네에게 넘기고 수백만 달러의 "퇴직" 수당을 챙겨서 시카고를 떠났다. 그는 이탈리아에서 오랫동안 휴가를 마치고 뉴욕으로 돌아왔다. 이 도시야말로 조직범죄를 키우고자 하는 자신의 생각이 더 잘 먹혀들 것으로 생각했기 때문이다.

그는 오하이오의 신시내티와 뉴욕의 브루클린에서는 합법적인 부동산 사업에 종사하면서 조직들의 '컨설턴트' 역할을 해주었다. 조직원들은 토리오를 깊이 존경했으며 "여우"라는 별명도 붙여주었다. 1957년 4월, 그는 부인 안나를 곁에 두고 영면에 들기 전까지 늘 꿈꾸어왔던 것처럼 이탈리아인들이 조직범죄에서 전성기를 구가하는 모습을 확인할 수 있었다. 그는 자신이 키운 스타급 제자 알 카포네보다도 10년이나 더 살았다.

카포네가 시카고를 떠나겠다는 토리오의 결정을 상당히 달갑게 받아들였을 거라는 추측은 매우 그럴듯하다. 카포네가 토리오의 헌신적인 제자였다는 사실 때문에 이러한 추측이 힘을 얻지 못하는 것은 아니다. 사실상 이 추측이 힘을 받을 수도 있다. 결국 우리는 합법적인 직업이나 사사私事 관계에 대해서 이야기하는 것이 아니다. 토리오와 카포네는 조직 폭력 단원들이었다.

폭력 단원들은 가족, 우정, 충성심을 소중하게 생각한다. 하지만 이들은 무엇보다도 사업은 사업이라는 법칙에 따라 행동했다. 금주법 때문에 생기는 이익에 별반 관심이 없던 토리오의 "삼촌"이자 스승 빅 짐 콜로시모의 죽음에 토리오의 책임이 크다고 사람들은 믿고 있었다.

토리오가 자진해서 시카고를 떠난 이유는 언젠가 범죄의 제왕이 되려는 야망을 품은 카포네가 자신을 없앨 수도 있다는 가능성을 피하기 위해서였다. 빅 펠로가 뒤에 뭔가를 감춘 채 토리오를 물러나게 했다고 사람들은 믿었다. 이런 생각은 신빙성이 떨어지기는 하지만, 이 소식을 전해들은 카포네가 겉으로는 눈물을 보였어도 뒤로는 무언가 무서운 계획을 감추고 있었을 거라고 루키 루치아노는 확신했다.[13]

세월이 흐르면서, 더욱더 많은 조직의 우두머리들은 자신들이 모시던 1인자를 제거하면서 각자의 위치를 차지하게 됐다. 1930년대 초에 이미 앞에서 지적했듯이 루키 루치아노는 유태계 친구들, 마이어 랜스키Meyer Lansky와 벅시 시겔Bugsy Siegel의 도움을 받아 자신의 두 스승인 조 "보스" 마세리아Joe "The Boss" Masseria와

---

13. Mattin A. Gosch and Richard Hammer, *The Last Testament of Lucky Luciano* (Boston, 1974), p. 81.

살바토레 마란차노Salvatore Maranzano를 제거했다.

최근의 소식에 따르면, 존 고티John Gotti는 무장 괴한들을 시켜 폴 카스텔라노Paul Castellano를 살해하고 범죄조직을 넘겨받았다. 고티의 오른팔이었던 살바토레 "새미 황소" 그라바노는 법정에서 절친한 친구와 보스에게 죄를 뒤집어씌우고 자신은 무사히 빠져나올 수 있었다. 그라바노의 증언은 고티를 연방 감옥에 가두는 데 결정적인 역할을 했고 고티는 감옥에서 암에 걸려 2002년 6월에 사망했다.

토리오가 떠나면서 시카고의 역사에는 추악하고 폭력적인 장이 새롭게 예고됐다. 알 카포네는 이 더럽고 피비린내 나는 이야기의 주인공이 됐다.

3장

갱단에 입단한 소년

Al Capone

알 카포네는 1899년 뉴욕 브루클린에서 가브리엘 카포네와 테레사 카포네 사이에서 태어났다. 카포네의 가족은 1894년에 네이비 가에 집을 구해 살다가 나중에 브루클린 네이비 야드 근처에 있는 파크 에비뉴의 방 네 개짜리 아파트로 이사했다. 맨해튼의 유명한 파크 애비뉴와는 달리, 이 지역은 이주민들이 사는 빈민가였다. 카포네 부부는 두 아들, 나중에 리처드 제임스 "쌍권총" 하트라고 알려진 빈첸초(1892년 생)와 라파엘(랠프 "술병", 1894년 생)을 데리고 왔다.

미국 땅에서 처음 태어난 살바토레(프랭크, 1895년 생)는 이탈리아에 있을 때 임신한 아이였다. 새로운 환경에 적응하는 데 4년이란 시간이 걸렸고, 세월이 지나면서 가브리엘과 테레사는 다시 아이를 낳기 시작해서 이후로 다섯 명의 아이들을 갖게 됐다. 알폰소(알)는 미국에서 두 번째로 태어난 아이였다. 그 이후로 테레사는 에르미니오(존 또는 미미, 1901년 생), 움베르토(앨버트, 1906년 생), 아메데오(매슈 N., 1908년 생), 로즈(1910년에 태어나자마자 사망) 그리고 막내 마팔다(1912년 생)를 낳았다.[1] 아버지 가브리엘은 새로운 삶을 꿈꾸며 이발사가 됐고 어머니 테레사와는 달리 새로운 언어에 잘 적응했다. 그때까지 브루클린은 이스트 강에 걸쳐 있던 카포네의 집 가까이에 있던 두 개의 다리(브루클린 다리와 맨해튼 다리)로 맨해튼 근처와 연결돼 있었다. 뉴욕의 이스트사이드에서 활동했던 당시의 유행하던 폭력 조직에 합류하려는 마음을 먹은 사람들이라면 누구라도 접근하기가 용이했다. 맨해튼 다리는 사람들을 곧바로 리틀 이탈리아Little Italy로 끌어들였다.

많은 사람들은 이곳에서 이탈리아계 미국인들의 지하 세계에 첫 발을 내딛게 됐다. 이런 상황은 실제로 카포네 가족하고는 거의 관련이 없어 보인다. 대부분의 이민자들처럼 카포네 가족들은 고되게 일했고 법을 지키면서 새로운 사회에 적응하려고 애썼다. 이런 일이 항상 술술 풀리지는 않았고 만만찮은 어려움들이 도사리고 있었다. 영어가 서툴다 보니 이방인으로 낙인찍히게 됐고, 이 가족의 종교(로만 가톨릭)도 미국에서는 주류가 아니었다. 문화적으로 동화되는 힘겨운 시절을 거치고 나서 전반적

---

1. See the family tree in Laurence Bergreen, *Capone: The Man and the Era* (New York, 1994) 참조.

으로 미국 사회에서 받아들여지기 시작했던 북·서부 유럽인들과 남부 유럽 출신이었던 카포네 가족은 사정이 달랐다.

이 당시는 미국 역사에서 다양성은 부정적으로 생각되던 때였다. 경제를 활성화하기 위해서는 특히 일용직이나 농업 이주 노동자들이 꼭 필요했지만, 많은 미국인들은 이들을 골칫거리로 생각했다. 이주 노동자들은 높은 범죄율의 원인, 특히 실업이나 노동 불안과 같은 경제적 불안정의 근원으로 여겨졌고 미국의 "인종적 순수성"을 희석시키는 유럽의 삼류 낙오자로 입에 오르내렸다.[2] 브루클린 네이비 야드와 그 근처 부두에서의 삶은 그야말로 무법천지 그 자체였다.

열 살 무렵부터 알 카포네는 거친 심성과 무모함을 보이기 시작했는데 이러한 성격은 어른이 돼서도 항상 따라다녔다. 열네 살 때 카포네는 네이비 스트리트 폭력단을 결성해서 아일랜드계 이웃들에게 해코지를 당하던 이탈리아 여인들과 소녀들의 골칫거리를 해결해주었다. 이 무렵에 그는 공식적인 학교 교육을 그만두었다. 6학년 때까지는 학교 생활을 곧잘 하다가 교장 선생에게 매맞는 징계를 받게 됐다. 이를 계기로 공교육과의 인연은 끝나고 말았다. 카포네가 살았던 시대는 많은 아이들이 학교를 그

---

2. Luciano J. Iorizzo and Salvatore Mondello, *The Italian Americans*, rev. ed. (Boston, 1980), especially chapters 1—6.

만두고 일을 하거나 가족을 부양하는 일이 흔했다. 카포네도 예외는 아니었다.

제1차 세계대전이 발발하기 바로 직전에 카포네 가족은 가필드 플레이스Garfield Place로 이사했다. 사회 경제적 상승을 꾀하는 카포네 가족에게 이번 이사는 새로운 전망을 열어주었다. 가필드 플레이스는 4번가 이탈리아인들의 구역에서부터 공원과 만나는 프로스펙트 파크 웨스트까지 언덕 위로 뻗어 있는 짧은 거리이다. 카포네 가족의 거주지는 눈에 띄게 나아지기는 했지만, 바로 옆 동네와 비교하면 여전히 상당한 거리가 있었다.

언덕 위쪽으로 올라갈수록 더 높은 신분과 부유한 사람들이 살았다. 19세기에 아일랜드 사람들은 노예 계층에 속해 있다고 여겨졌지만, 그 후손들은 점차 미국 사회의 환심을 광범위하게 얻게 됐다. 성 패트릭의 날은 한때 아일랜드인들만의 휴일이었지만, 1900년에 이르러 미국의 많은 지역 사회에서 그날을 기념일로 정했다. 경제적으로 어려움을 겪고 있던 "판잣집 아일랜드인"들은 사회 경제적으로 출세한 아일랜드인들을 "레이스 커튼 아일랜드인"이라고 불렀다. 파크 슬로프Park Slope에는 전문직 종사자들, 사업가, 정치인 그리고 화이트칼라 직종에 종사하는 사람들, 그 가운데서도 성공한 아일랜드인들이 살고 있었다.

이 사람들 가운데 가장 유명한 사람은 아마도 스티플체이스

Steeplechase 파크의 설립자인 백만장자 조지 C. 틸유George C. Tilyou 였을 것이다. 그는 위그노·아일랜드계 부모 사이에서 1862년 뉴욕에서 태어났다. 어머니의 이름은 마호니Mahoney였다. 그는 1893년에 메리 오도넬Mary O'Donnell과 결혼했다. 이들 가족은 가장 상류층 이웃들이 모여 사는 공원 건너편에 있는 집에서 다섯 아이들을 키웠다. 틸유 부부는 집에서 걸어갈 만한 거리에 있던 성 프랜시스 자비어 로만 가톨릭 교회의 교구민이자 후원자였다. 다른 민족보다도 아일랜드계 교구민들이 더 많았던 이 교회는 이 동네에 있는 두 개의 웅장한 고딕 건축물 가운데 하나였다. 다른 하나는 공원 근처에 있는 미국 성공회 건물이었다.

이웃들은 멋진 공동 주택으로 구분됐다. 위로 올라갈수록 나무가 줄지어 늘어선 사이로 아무 흠결 없이 보존된 최고급 주택들이 가장 좋은 자리를 차지하고 있었다. 이탈리아계 청년들은 하얀 피부와 밝은 머릿결을 가진 미녀들, 먹고살 만하거나 아주 부유한 아일랜드계나 앵글로색슨계의 딸들을 연모했다. 다소 허황되게도 많은 이탈리아계 미국 청년들은 그 여자아이들과의 데이트나 결혼을 꿈꾸었다. 하지만 그 당시에 이탈리아인들과 앵글로색슨계 미국인들 사이의 결혼은 실제로 거의 찾아볼 수 없었다.

간혹 종교가 같을 수는 있지만, 이탈리아계와 아일랜드계가 맺어지는 경우는 극히 드물었다. 요즘에는 아일랜드인과 이탈리아인 사이의 결혼이 흔한 일이 됐지만 19세기 초만 해도 그런 경우는 좀처럼 보기 힘들었다. 19세기 중반에 앵글로색슨계 미국인들의 똘마니가 되고 싶어하던 아일랜드인들은 미국 사회의 주류에 새롭게 받아들여진 자신들의 위치를 이탈리아인들과 연관됨으로써 위태롭게 하고 싶지 않았다. 아일랜드인들은 자신들의 영역을 지킬 기회를 반겼다.

가톨릭 주교나 성직자들의 숫자는 압도적으로 아일랜드인들이 많았다. 이들은 가톨릭 교회를 운영하면서 이탈리아인들을 교회 안에서도 이류 시민으로 분류했다. 이탈리아 출신 순회 사제들은 미사를 올릴 수는 있었지만 설교할 수 있는 기회는 주어지지 않았다. 이탈리아 출신 순회 사제를 위해 미사 시중을 들던 한 복사는 그 사제가 어느 누구하고도 말을 나누지 않아서 내성적인 성격을 지닌 분이 아닌가 의심하기도 했다.

몇 년이 지난 후에 젊은 복사는 그 사제가 실제로는 매우 밝은 성격의 소유자였는데, 민족적인 배경 때문에 억눌려 있었다는 점을 깨닫게 됐다. 또한 아일랜드인들은 공무원직, 경찰, 소방서, 부두 일자리 그리고 많은 교역일 등을 장악하고 있었다. 이들은 당시에 떼를 지어 미국으로 들어오고 있던 이탈리아인들이 자신들이 쥐고 있던 여러 영역의 지배권을 갉아먹도록 수수방관하지 않았다. 파크 슬로프라는 적절한 이름이 붙여진 중상류층의 이웃으로 처음 이탈리아인들이 들어갈 수 있었던 시기는 전문직 종사자들이나 일반 청부업자들을 선두로 해서 제1차 세계대전 이후부터였다.

만일 카포네가 이 언덕 위에 있는 "금단"의 지역으로 들어갈 수 없었다면, 공원에 갈 때만 이곳을 지나갈 수 있었을 것이다. 프로스펙트 공원은 주민들에게 소박한 생활의 즐거움을 누릴 수 있는 기회를 제공해주었다. 주민들은 산책을 했고, 소풍을 갔고, 계절마다 야구나 축구를 즐겼다. 노 젓는 보트나 페달 달린 보트를 빌려 탔고, 스키나 스케이트나 썰매를 타러 갔고, 공원 뒤쪽의 동물원에 놀러 다녔다. 주민들은 공원을 가로지르는 지름길을 택해 에버츠 필드로 걸어가서 브루클린 다저스의 홈경기를 보러 가기도 했다.

이탈리아인들이 이 매력적인 여가를 즐기려고 할 때, 가장 빠른 길은 파크 슬로프 지역을 통해서 언덕으로 걸어 올라가는 것이었다. 이 지역을 지나면서 많은 이탈리아인들은 더 나은 삶을 갈망했다. 보다 낳은 교육을 받고 더 열심히 일하면서 상류 사회로 올라가고자 했다. 이들은 한 세대 혹은 두 세대에 걸쳐 이런 기회를 힘들게 만들어나갔다. 참을성이 없는 사람들은 범죄로 방향을 돌려 성공으로 가는 빠른 방법을 택했다.

미국에서는 일단 돈을 벌기만 하면 그 돈을 어떻게 벌었는지
는 별로 중요하게 여기지 않는다는 것도 알게 됐다. 19세기의 강
도 귀족들Robber Barons의 후손들도 존경을 받는 현실은 이러한 사
실을 분명하게 입증해주고 있었다. 록펠러 가의 사례도 이를 입
증해준다. 당시의 사람들은 스탠더드 석유 회사의 창립자 존 D.
록펠러를 사업가나 기업가로 분류했다. 이런 사업가들은 독점적
인 경제 권력을 추구했던 냉혹하고 비도덕적인 사업가들로 간주
됐고 사회의 암적 존재로 여겨졌다. 수정주의적 역사가들은 결
국 미국의 경제 성장과 사회 복지를 더욱 증진시킨 기업가들의
창조적인 기여를 지적하면서 이들을 긍정적으로 묘사했다.

록펠러는 1913년에 록펠러 재단을 설립해서 전 세계 사람들의
생활 환경을 향상시키려 했다. 록펠러의 후계자들은 자선 사업
가, 실업계의 거물, 은행가, 그리고 정치인으로 활동하면서 폭넓
은 지지를 받아왔다.[3]

이 공원에서 멀리 떨어진 서쪽 지역에서는 비이탈리아인들과
더 친밀하고 의미 있는 관계를 가질 수 있었다. 고와누스Gowanus
와 레드 후크Red Hook는 아일랜드와 이탈리아 출신 노동자 계급
들과 가깝게 지냈다. 특히 이탈리아 이민자들과는 일상적으로

---

3. See articles on "Robber Barons" and "Rockefeller Foundation," in *Dictionary of American History,* 3d. ed. (2003), vol. 7, (New York, 2003), pp. 181−182, 186−187.

더욱 잘 지냈다. 카포네는 오늘날 캐롤 가든스라고 불리는 캐롤 스트리트의 고와누스 구역에 있는 사교 클럽에서 메리 커플린 Mary (Mae) Coughlin을 만났다. 두 사람은 1918년 12월 30일, 나중에 소니Sonny라고 알려진 첫 아이 앨버트 프랜시스Albert Francis를 낳은 후 3주 만에 결혼식을 올렸다. 이때 알은 열아홉 살이었고 메이는 스물한 살이었다.[4]

당시만 해도 알 카포네의 미래는 불확실했다. 그는 초등학교를 중퇴한 10대로서 칼과 총 사용법을 배웠고 아도니스 사교 클럽(조 아도니스는 루키 루치아노의 친구였고 나중에 조직범죄의 두목이 됐다)의 지하실에서 실제로 총질을 했다. 그는 계보를 따져보면 맨해튼의 파이브 포인트 갱단까지 거슬러 올라가는 폭력 단체에 가입했다. 이 단체의 조직원에는 폴 켈리(파올로 바카렐리), 조니 토리오, 시칠리아 출신 루키 루치아노와 프랭키 예일 등이 포함돼 있었다.

토리오와 예일은 결국 자신들의 활동 영역을 브루클린으로 집중시켰다. 토리오는 카포네의 이탈리아 친구들의 중심 무대인 4번가와 유니온 스트리트에 사무실을 차렸다. 그러나 그는 카포

---

4. 저자는 가필드 플레이스의 카포네 집에서 두 블록 떨어진 파크 슬로프에서 태어나고 자랐다. 아일랜드인, 이탈리아인, 가톨릭 교회와의 관계에 대해서는 Iorizzo and Mondello, *Italian Americans*, rev. ed., pp. 179-192 참조.

네가 겨우 열 살 때인 1909년에 자리를 시카고로 옮겼다. 당시에 토리오는 카포네의 경력에 결정적인 영향을 끼쳤다. 당시 이 청년이 가진 재능을 잘 다듬는 일은 프랭키 예일(프란체스코 이오엘레 태생)의 몫이었다.

열여섯 살 무렵, 카포네는 상대방을 단방에 눕힐 수 있는 몸집이 크고 거친 싸움꾼이었다. 그러나 아무 생각 없이 완력을 휘두르는 일은 불필요한 문제를 일으킬 뿐이고 공연히 공권력의 관심을 끌게 할 뿐이었다. 카포네는 세심하게 다듬어질 필요가 있었다. 예일은 코니아일랜드에서 하버드 인Harvard Inn을 운영했다. 술집과 매춘이 함께 이루어지면서 불법이 난무하는 곳이었다. 싸움이 나면 살인으로 끝나는 경우도 많았다. 카포네는 여기서 술값을 떼먹는 사람들에게 돈을 받아내는 수금원으로 일하면서, 업소에서 일하는 여성들이 매상에 손을 대지 못하도록 감시하는 포주 역할도 했다. 시간이 지나면서 카포네는 이 술집에서 수석 경비원과 바텐더로 자리를 옮겼다.

어느 날 밤 그는 단골손님의 여동생에게 무례한 행동을 하는 사고를 쳤다. 그 손님은 카포네에게 코르크 병따개(가필드 근처에 사는 노인들의 기억에 따르면)를 휘둘렀고 이로 인해 카포네는 세 개의 둥근 흉터를 갖게 됐다. 때문에 그 이후로 평생 동안 "스카페이스"로 알려지게 됐다.

보통 이런 싸움은 그냥 덮고 넘어가는 법이 없었지만 이 고객은 폭력 조직과 관련이 있었다. 상대방 조직을 경멸함으로써 불문율을 어긴 셈이다. 예일은 이런 경우에는 그냥 넘어가는 편이 신상에 좋을 거라고 카포네를 다독였다. 이런 상황에서, 머리가 잘 돌아가는 예일은 윗사람들에게 대들어봤자 좋을 게 없다고 생각했던 것이다. 더욱이 시간이 지나면서 그는 시카고에서 사람이 올 때마다 부적절한 사람을 경호원으로 고용했다. 이 사실은 그가 가족의 가치를 얼마나 중요하게 생각했고 그 범위는 단순히 개인적인 친척 관계를 초월해 있음을 보여준다.

카포네는 결혼을 하면서 삶의 방향을 바꾼 듯 보였다. 그는 본격적으로 폭력 조직에 가담하기 전에 공장에서 합법적인 일자리를 가지고 있었고 성실하게 일주일에 3달러씩 어머니에게 돈을 보내주었다. 이런 삶의 태도는 당시 이탈리아 가정에서 바람직하게 여겨졌다. 카포네는 결혼을 하면서 아내에게도 부끄럽지 않은 반듯한 삶으로 돌아가려고 노력했다. 카포네는 이제 더 이상 예일 밑에서 일하지 않았다.

과거의 친구들, 폭력배, 부정한 돈벌이의 유혹과 이 모든 것들을 뿌리치기 위해서 볼티모어로 이사해 경리 직원으로 일자리를 잡았다. 이 일을 하면서 카포네는 회계 일을 배울 수 있었고 나중에 금주법이 시행되는 동안 수백만 달러를 주무르게 됐을 때 실력을 발휘했다.

그러던 가운데 1920년 11월 14일 급작스럽게 아버지 가브리엘이 심장마비로 사망했다. 카포네는 장례식을 치르기 위해 브루클린으로 돌아가야 했다. 남부끄럽지 않은 삶에 대한 일시적인 관심은 이내 끝나고 말았다.

가브리엘이 사망하기 6개월 전인 1920년 5월 11일에 빅 짐 콜로시모가 살해당했다. 카포네가 청부살인을 했다고 말하는 사람들도 있지만, 신빙성은 없었다.

당시에 카포네는 볼티모어의 아이엘로 건설회사의 경리 직원으로 일하고 있었다. 만일 토리오가 이 살인을 명령했다면, 가장 가능성이 있는 범인은 실제로 시카고에 전혀 알려진 바가 없고 관심을 끌 여지도 없는 프랭키 예일이다. 콜로시모가 사라지자 토리오는 밀주 사업뿐만 아니라 매춘 업소, 여관, 도박 카지노 사업을 운영하는 데 자신을 도와 믿고 맡길 수 있는 누군가가 필요했다.

한편, 카포네 가족은 필요할 때마다 도와주고 재정적으로 지원해줄 수 있는 역할을 할 만한 젊은 알에게 의지하게 됐다.

카포네는 인생의 갈림길에 서 있었다. 그는 순식간에 폭력을 사용해서 분쟁을 해결하는 요주의 인물이자 아무 생각 없이 잔인한 폭행을 일삼는 사람으로 이름을 날리고 있었다. 게다가 매춘부(포주의 돈을 건드렸다고 그가 낙인찍었던)를 살해한 혐의와 프랭키 예일에게 도박 빚을 갚지 않은 한 친구를 살해한 혐의를 받고 있었다. 그는 동료 폭력 단원들도 다루기 힘든 인물이 됐다. 그 가운데 예일과 루치아노는 카포네에게 도시를 떠나라고 충고했다. 그들은 카포네를 토리오에게 추천해주었다. 루치아노는 법이 카포네에게 불리하게 돌아가고 있다는 사실을 감지하고는 카포네를 불러서 만난 적이 있다고 회상했다. 카포네가 무슨 일이냐고 루치아노에게 물었다. "내가 자초지종을 말해주겠네. 이 도시에서 나가 지옥으로 가줘야겠네. 짐을 꾸려서 떠나게나." 루치아노는 이 말과 함께 카포네에게 2천 달러를 주고 곧바로 중앙역으로 가서 시카고로 떠나라고 말했다.[5]

카포네는 재앙의 조짐을 알아차렸다. 그는 조니 토리오의 제안을 받아들여 중서부 지역의 사업에 참여하기로 결심했다. 결국 카포네 가족은 모두 알이 직장을 구해 가족을 부양할 수 있을 거라는 희망을 안고 그곳으로 거처를 옮겼다.

브루클린의 이웃들에게는 앓던 이가 빠지듯 시원한 일이었다. 이웃들에게 카포네는 쓰레기로 여겨졌고 그가 사라짐으로써 이제 이 동네는 더 살 만한 곳이 됐다. 카포네가 미국에서 가장 성

---

5. Martin A. Gosch and Richard Hammer, *The Last Testament of Lucky Luciano* (Boston, 1974), pp. 30 − 31.

공하고 악명 높은 주류 밀매 업자가 된 후에도 이 지역 사람들이

카포네를 보는 눈은 바뀌지 않았다.[6]

6. 1930년대, 1940년대, 1950년대 지역 주민의 이야기.

4장

똑똑한 천재 악당 조니 토리오

Al Capone

1921년 카포네는 프랭키 예일과 루키 루치아노의 추천을 받아 시카고에 입성했다. 예일과 루치아노는 거칠고도 영리한 카포네의 자질을 알고 있었다. 카포네의 잠재력을 알아본 것이다. 카포네는 기꺼이 배울 준비가 돼 있었고 그럴 만한 능력도 갖추고 있었다. 그러나 그는 종종 지나치게 무분별한 행동을 해서 쓸데없이 많은 이목을 끌기도 했다. 사실 그는 브루클린에서 살인 혐의로 거의 체포될 뻔한 적도 있었다.

루치아노와 예일은 조니 토리오야말로 카포네를 이끌어주기에 적합한 인물이라고 생각했다. 조직범죄에서 성공하려면 힘보다는 머리를 쓰는 것이 중요하다는 점을 가르쳐줄 셈이었다.

토리오는 카포네에게 그가 가진 싸구려 매음굴 중 일부를 맡겨보았다. 얼마 지나지 않아 토리오는 카포네를 포 듀스Four Deuces의 경비와 수석 바텐더로 승진시켰다. 포 듀스는 다목적으로 사용되는 4층짜리 건물이었다. 1층에는 토리오의 일반 사무실, 술집, 카페 등이 있었다. 2층과 3층은 도박장으로 사용됐다. 4층은 매음굴이었다. 이 건물은 심약한 사람들이 버틸 수 없는 장소였다. 미궁에 빠져버린 살인 사건들이 수도 없이 벌어졌다. 카포네는 일을 잘해서 4분의 1의 지분을 갖는 파트너로 승진했고, 연간 10만 달러에 달하는 사업 이익을 배당받게 됐다. 카포네는 매음, 도박, 주류 밀매 등으로 가장 효과적으로 돈을 버는 방법을 배웠다. 포 듀스 옆에 위장용으로 중고 가구점을 열고 명함까지 만들어서 마치 가구상인 듯 행세했다.[1]

카포네가 토리오의 수하에 있을 당시, 토리오는 개혁 운동에 대한 대비책으로서 교외에서 사업에 몰두하고 있었다. 이러한 행동은 '바람의 도시'(windy city, 시카고의 속칭) 시카고에서의 사업에 제동을 거는 일이었다. 번햄Burnham과 시세로는 범죄자들이 어떻게 도시와 경찰 그리고 정치인을 장악하는지를 보여주는 대표적인 사례였다. 가장 중요한 사실은 카포네가 토리오의 거대한 계획을 제대로 배웠다는 점이다.

카포네는 적시 적소에 있었던 셈이다. 토리오는 콜로시모를 이어 새로운 지도자가 되기 위해서는 믿을 만한 사람이 필요하다고 느꼈다. 특히 "여우"(토리오의 별명)가 사랑스런 아내 안나

1. Fred D. Pasley, *Al Capone: The Biography of a Self-Made Man* (1930; reprint, Freeport, N.Y., 1971), pp. 14 ff.

와 함께 지내고 싶은 밤 시간대에 사업을 도울 사람이 필요했다. 토리오는 루프 지역에서 남동쪽으로 약 20마일에 달하는 번햄까지 사업을 확장했다. 그는 댄스홀과 가장 저급한 매음굴 형태인 크립cribs, 도박, 슬롯머신, 룰렛 등에 관심을 가졌다. 합법적인 뮤지션과 가수들, 특히 재즈 그룹들이 여흥을 제공했다.

한편 자동차가 보급되면서 로드하우스가 일반화됐다. 로드하우스란 교외 도로변에 위치한 선술집, 여관, 나이트클럽 등을 말한다. 많은 로드하우스에서 손님들은 술을 마시면서 밤새 업소 아가씨들과 매매춘을 했다. 차가 없는 사람들도 택시를 타고 로드하우스에 올 수 있었다. 택시 기사들은 그러한 일에 이골이 나서 밤업소까지 데려다주고 요금을 받는 일에 익숙해졌다.

인디애나 주의 게리Gary와 같이 인구가 넘쳐나는 도시에 근접한 번햄은 도박이나 매춘 사업을 하기에 이상적인 장소였다. 게리의 철강 공장이나 석유 정제소에서 일하는 10만 명이 넘는 노동자들은 수시로 시내에 나가서 밤을 보내고 싶어했다.[2]

법의 편에 서 있는 사람들로부터 조니 토리오만큼 시기 어린 존경을 받는 사람도 없었다. 사회학자인 존 란데스코John Landesco는 토리오가 신중하고 분별 있는 밀주 업자로 알려져 있

2. John Landesco, *Organized Crime in Chicago,* Illinois Crime Survey, part 3 (1929; reprint, Chicago, 1968), pp. 41, 85, 94.

었다고 주장했다. 소득세 청구와 관련해 카포네를 재판에 회부하는 데 큰 역할을 한 재무부의 정보 국장 엘머 이레이Elmer Irey는 토리오야말로 현대 조직범죄의 배후에 있는 진짜 브레인이라고 말했다.

시카고 범죄 위원회와 연결돼 있는 저명한 범죄 소설 작가 버질 W. 피터슨Virgil W. Peterson은 토리오를 "조직의 천재"라고 불렀다.[3]

토리오와 함께 일하는 패거리들도 그를 높이 평가했다. 토리오는 말한 것을 실천하는 사람이었다. 조직범죄는 사업이다.[4]

늘 조심해라. 폭력을 사용하기보다는 협조를 구해라. 그렇지 않으면 사업에도 악영향을 미치고 불필요한 관심을 받게 된다. 또한 그는 조직원들을 관대하고 공평하게 대했다. 토리오는 콜로시모가 시작한 도박과 매춘 사업을 확장했다.

수년간 토리오는 암흑계의 중요한 회합을 소집하고 그 의장직을 수행했다. 토리오는 사회적인 트렌드를 예견하는 특별한 재주가 있었다. 다른 사람들보다 먼저 금주법이 시행될 것을 알고

---

3. Allan May, www.crimemagazine.com/torrio. August 15, 2002에서 인용.

4. Landesco, *Organized Crime*, pp. 85 ff.; Martin A. Gosch and Richard Hammer, *The Last Testament of Lucky Luciano* (Boston, 1974), pp. 81−94; Laurence Bergreen, *Capone: The Man and the Era* (New York, 1994), pp. 37 ff.

있었다. 그는 합법적인 양조장을 사들였다. 금주법이 발효되면 주류를 반입할 수 있는 캐나다 근처 도로도 파악해두었다.

한편 해당지역의 공무원은 물론 주정부와 연방 공무원까지 모두 매수했다. 그는 갱단을 조직하고 수고비 차원에서 영향력을 행사할 수 있도록 일정 지분을 내주었다. 말하자면 프랜차이즈를 조직한 것이다. 이러한 방식으로 토리오는 당국으로부터 조직을 보호하는 한편 조직이 벌어들이는 수익에 의존함으로써 서로간의 협력 관계를 공고히 했다.

토리오는 다른 밀주 업자들보다 훨씬 먼저 금주법이 풀리는 시점을 예견했다. 사실 다수의 밀주 업자들은 자신들이 터뜨린 대박이 영원할 줄로만 알고 있었다. 토리오는 루키 루치아노와 같은 사람들에게 금주법 폐지에 대비하라고 충고했다. 다른 보스들이 반신반의하고 있을 때 루치아노의 절친한 친구이자 범죄 세계에서 비슷한 위상을 차지하고 있던 마이어 랜스키는 토리오의 생각에 동의했다. 마침내 토리오는 암흑계에서 존경받는 원로 지도자가 됐다.

토리오가 시카고 밖으로 사업을 확장한 것은 카포네의 제국을 확장하는 데 중요한 역할을 했다. 1920년 콜로시모가 죽었을 때, 토리오는 이미 번햄 시내까지 사업을 확장하기 시작했다. 그곳에서 토리오는 번햄 인Burnham Inn을 소유하고 있었으며 매음과 도박에 뛰어들었다. 또한 스티크니Stickney와 포레스트 파크에 수많은 매음굴을 열었다.

1923년 4월 윌리엄 E. 데버가 시카고 시장에 당선됐다. 데버 시장은 공약으로 불법 도박과 금주법 위반 행위를 종식시키겠다고 했고, 많은 불법 시설들을 부수거나 폐쇄시켰다. 도박 업자들과 밀주 업자들은 살아남기 위해 싸워야만 했다. 토리오는 서부 교외의 시세로로 사업 기반을 옮기기로 했다. 시세로에는 4만 명 이상이 거주했다. 그들 대부분은 보헤미안의 후손으로서 날마다 일상적으로 맥주를 마시는 습관이 있었다.

1923년 10월 토리오는 자신이 데리고 있는 매춘부들을 시세로로 옮기기 시작했다. 그것은 훌륭한 교란 작전이었다. 왜냐하면 토리오는 이미 자신이 취급할 수 있는 매춘 사업을 모두 소유하고 있었기 때문이다.

토리오의 진짜 목표는 도박과 밀주 시장이었다. 토리오는 시세로가 매춘 불법지역이라 즉각적인 반응이 나오리라 확신했다. 아니나다를까 경찰과 다른 범죄조직들은 곧장 토리오의 매춘부들을 공격했다. 토리오는 외교적 수완을 발휘해 매음굴에서 나오는 이익을 도박 및 주류 판매권과 교환했다. 토리오는 시세로에서 오도넬 파' 의 구역을 인정해주는 데 동의하면서, 관계자 모두를 설득해서 불법 사업을 통해 거둬들인 이익을 나누는 데 합의했다. 그는 거래를 성사시키고 얼마 후 편안한 마음으로 어머니와 함께 이탈리아로 떠났다. 그는 어머니를 고향에 살게 할 생각이었다. 그는 어머니를 좋은 곳에 모시고 아마도 스위스 은행에 한두 개의 계좌를 열어 얼마간의 돈을 예치한 다음, 1924년 4월 다가오는 시세로 선거에 맞춰 시카고로 돌아왔다.

토리오 계획의 핵심은 시세로를 밀주와 도박이 성행하는 흥청거리는 도시로 만드는 것이었다. 불법 사업을 확장하고 싶다면 스티크니와 포레스트 파크와 같은 다른 지역을 계속해서 물색해야만 했다. 그러나 결과는 토리오-카포네 조직의 승리였다. 도시를 완전히 장악하는 데는 선거를 통제하는 일만큼 중요한 것이 없었다.

카포네는 정치권에 자신의 사람을 심기 위해 갖은 수단을 동원했다. 그는 두 형을 조직에 끌어들였다. 카포네의 형들은 반대당의 본거지에서 투표 용지를 빼돌려 자신의 후보들 것으로 바꾸는 짓을 아무렇지도 않게 생각했다. 필요하다고 생각되면 유권자를 위협하기도 했다.

지역 사회 공무원들은 무슨 일이든 카포네를 도와 현직을 유지하려고 했다. 경찰, 보안관, 검사들도 동조했다. 설혹 동조하지 않더라도 쓸데없이 맞서려는 일은 무모한 짓이라고 생각했다. 뇌물을 받지 않고 금주법을 강화하려는 연방 공무원들은 폭력

조직들의 해코지를 경고하는 지역 공무원들에게 저지됐다.[5]

이탈리아에 체류하는 동안 토리오는 안심하고 카포네에게 사업 운영을 맡겨놓을 수 있었다. 토리오는 바로 이런 상황에 대비해서 카포네를 키운 것이었고, 카포네의 형제들인 프랭크와 랠프가 조직에 도움이 될 수 있을 것이라 생각했다. 프랭크와 랠프는 자신들이 조직에 중요한 존재임을 입증한 셈이었다. 프랭크는 조직을 위해 앞장섰다. 알 카포네보다 네 살 많은 프랭크는 제2의 토리오가 될 만한 인물이었다. 그는 존경받을 만한 외모와 그에 걸맞은 품행도 갖추었다. 그는 타고난 지도자였다. 삼형제 중 맏이인 랠프는 기꺼이 조직의 매춘 사업 이익을 확대하는 데 몰두했다. 알 카포네는 야망이 넘쳤지만 아직까지는 상대적으로 덜 알려져 있었다. 그는 도박 사업에 몰두해 십Ship 경마장과 호손 스모크 숍Hawthorne Smoke Shop 도박장에 총력을 기울였다. 또한 시세로에 있는 호손 경마장을 장악했다.

여러 조직을 시세로에 불러모으기 위해 토리오가 한창 물밑 작업에 열을 올리는 동안, 카포네 조직에게 만만찮은 적군이 나타났다. 「시세로 트리뷴」의 젊고 개혁적인 저널리스트 로버트 세인트존Robert St. John은 카포네 파의 영향력이 점점 커지고 있음을

5. Landesco, *Organized Crime*, pp. 85-86.

폭로했다. 특히 시 정부의 일상적인 사업에 모두 관여하려고 하는 알 카포네의 야심을 파헤쳤다.

언젠가 카포네는 도로를 시멘트로 포장하고 쓰레기 매립 처리법을 개선할 것을 요청했다. 다시 말해 카포네는 행정과 입법을 통합하고 싶어했던 것이다. 세인트존의 격렬한 문장은 반대파를 움직였다. 시카고의 개혁 시장 윌리엄 E. 데버의 당선에 힘입어 민주당은 시세로의 3선 시장인 조셉 Z. 클레나Joseph Z. Klenha를 자리에서 끌어내리려 했다. 클레나 시장은 언제나 초당적인 지지를 받았던 인물이었다. 토리오가 이탈리아에서 갓 돌아왔다. 보스 에디 보겔Boss Eddie Vogel은 토리오와 카포네를 만나 클레나의 재선을 확실하게 하려 했다. 이 일이 성공하면, 토리오-카포네 연합은 매춘을 제외한 다른 사업 분야에 대해 기소를 면하게 될 것이었다.[6]

반대당에서도 조직 폭력배를 동원했지만, 토리오-카포네 세력에 수적으로 상대가 될 수 없었다. 선거 전날인 1924년 3월 31일부터 그 다음날까지 토리오-카포네 일당은 총과 주먹을 사용해서 유권자들을 협박했다. 유권자들을 투표함으로 직접 데리고 가서 클레나에게 투표하도록 감시했다. 폭력배들은 무고한 선거

---

6. John K. Kobler, *Capone: The Life and World of Al Capone* (New York, 1971), p.116.

관리인들과 공무원들을 선거가 끝날 때까지 감금했다. 자신들에게 비협력적이거나 대항하는 시민들은 총으로 쏴 죽였다. 마피아는 심지어 경찰관도 거칠게 다뤘다. 이러한 일이 자행되는 상황을 보고 우려한 시세로 시민들은 쿡 카운티의 에드먼드 J. 자레키Edmund J. Jarecki 판사에게 도움을 청했다.

자레키 판사는 시카고 경찰의 정예 부대를 현장에 투입하면 이 사건을 해결할 수 있을 것이라고 생각했다. 그는 자신의 권한으로 약 70명의 경찰을 소집했다. 이들은 평상복을 입고 눈에 띄지 않는 검은 세단을 타고 시세로로 향했다. 이유가 어쨌든 간에 이들은 마치 적진을 향하는 조직 폭력배처럼 보였다. 시세로에 진입한 경찰 부대는 선거일 정오에 프랭크 카포네를 발견했다. 경찰들은 총을 쏘아 프랭크를 쓰러뜨리고도 계속해서 총질을 해서 시신을 벌집으로 만들었다. 이들은 프랭크가 다시 총을 잡으려 했다고 변명했지만, 자레키 판사와 그의 무장경찰들이 비열한 범죄를 저지른 것처럼 보였다. 자레키 판사는 그 어느 곳에서도 보기 힘든 경찰의 폭력적인 야만 행위를 조장한 셈이었다. 잠자고 있던 카포네의 야수성을 자극하는 데 이만한 일도 없었다. 토리오는 온 힘을 다해 카포네를 설득해서 복수의 피바람을 간신히 말렸다.

범죄자들에게 법의 심판대 앞으로 데려갈 수 없음에 좌절한

"선량한 사람들"이 자경단自警團에 의존하는 것은 이때가 처음이 아니었다. 세인트존이 시세로의 매음굴을 폭로한 기사에 자극을 받은 어느 목사는 방화범을 사주해서 기사에 언급된 매음굴에 불을 지르게 했다. 이에 대한 보복으로 카포네의 조직원들은 이 젊은 신문 기자를 흠씬 두들겨 병원 신세를 지게 했다. 카포네는 모든 방법을 동원해서 세인트존이 신문에서 손을 떼고 도시를 떠나도록 만들었다.[7]

평화로운 분위기 속에서 유권자들이 투표하게 하려는 자레키 판사의 노력은 수포로 돌아갔다. 무차별적인 폭력 행위는 멈추지 않고 선거가 끝날 때까지 계속됐다. 토리오-카포네의 세력은 압도적이었다. 결국 클레나가 재선됐고 보겔은 약속을 지켰다. 선거를 치르고 한 달이 채 지나지 않아 토리오와 카포네는 호손인 바로 옆에 호손 스모크 숍이라는 도박장을 열었다. 호손 스모크 숍은 문을 연 지 채 몇 년 되지도 않아 50만 달러 가까이 벌어들였다. 마침내 시세로에는 24시간 내내 손님에게 위스키, 와인, 맥주 등을 파는 도박장이 성행하게 됐다. 대부분의 도박장은 토리오와 카포네의 소유였다. 150개 이상 도박장에서는 자발적이든 아니든 간에 토리오의 맥주를 팔았다.[8]

---

7. Bergreen, *Capone: The Man*, pp. 117-24.
8. Kobler, *Capone*, p. 119.

하지만 이것은 씁쓸한 승리였다. 알 카포네는 남의 이목을 받는 행동을 피하라는 토리오의 충고를 잊은 대가로 형의 목숨을 바쳐야 했다. 게다가 1924년의 시세로 선거로 인해 정치인과 폭력 조직의 결탁이 초래한 엄청난 혼돈이 세상 사람의 주목을 끌고 말았다. 공공연히 교전이 벌어지고 우연찮게 무고한 사람들이 죽어나가며 법과 질서가 철저히 무시되는 상황은 옛 서부 개척 시대의 국경 지방을 연상시켰다. 당시에는 폭력이 용인됐고, 사람의 목숨이 가축인 말의 목숨만도 못하게 여겨졌다.

토리오는 비폭력에 대해 일장 연설을 늘어놓았다. 그는 다른 모든 수단이 먹히지 않을 때만 마지못해 폭력을 사용하곤 했다. 그러나 알 카포네라는 이름은 바로 잔인함과 직결돼 있었다. 카포네는 이미 폭력에 절어 있었다. 그는 때때로 제어하기 힘든 성질을 가지고 있었다. 브루클린이라는 험한 동네에서 자란 카포네는 호전적인 인물이었다. 게다가 그는 밀주 사업이라는, 자칫하면 시장을 빼앗기기 십상인 치열한 경쟁 관계에 발을 담그고 있었다. 하지만 무엇보다도 중요한 촉매는 소수 민족으로서 품고 있는 원한이었을 것이다.

처음부터 아일랜드인과 이탈리아인들은 사이가 좋지 않았다. 카포네의 적 중에 꽤 많은 수가 아일랜드계였다. 하지만 카포네의 아내가 아일랜드 출신이었다는 점을 생각해보면 아이러니가 아닐 수 없다. 일반적으로 아일랜드 출신들은 이탈리아인들을 우습게 알았다. 특히 "이탈리아 놈"인 카포네를 경멸했고, 평화로운 공존을 모색하기보다는 필요하다면 카포네를 죽여서라도 통제권을 빼앗으려 했다. 마치 오늘날 중동 지방에서 이스라엘과 팔레스타인 사이의 문제처럼 평화가 지속되기란 불가능했다. 토리오가 시카고 무대에서 서서히 뒤로 물러나기 시작했고 형 프랭크의 죽음까지 겪게 되자 카포네는 더 참을 이유가 없어졌다. 조 하워드Joe Howard 살인 사건은 카포네의 자제심이 바닥났음을 극명하게 보여주는 사례다.

1924년 5월 8일 삼류 폭력배인 조 하워드는 잭 구직Jack Guzik이 돈을 빌려주지 않는다고 때려서 피투성이로 만들어놓았다. 알 카포네의 매춘 사업 파트너였던 구직은 이 사실을 카포네에게 알리고 도움을 요청했다. 그 즉시로 카포네는 어느 바에 있던 하워드를 찾아내고 그의 행동에 대해 해명할 것을 요구했다. 하워드는 카포네를 "뚱쟁이 이탈리아 놈"이라고 부르며 닥치고 꺼지라고 했다. 그러자 카포네는 사람들이 지켜보는 바로 그 자리에서 하워드를 쏴 죽였다. 뚱쟁이라는 말을 듣자 형 프랭크를 잃고도 억눌렀던 감정이 마침내 폭발한 것이다. 그는 뚱쟁이라는 말만은 절대로 듣고 싶어하지 않았다. 후에 목격자들이 목격한 내용에 대해 아무것도 증언하지 못했고 살인 사건은 미결로 남았다. 하지만 언론은 카포네를 살인자로 판결했고 매체마다 그의 사진을 실어 내보냈다. 원래 기사에서는 그를 알 브라운Al Brown 이라고 했다. 그리고 다음 기사에서는 알폰소 카포네Alphonse Capone라고 하기도 했다. 카포네가 차츰 공인으로 인식되기 시작한 것이었다.[9]

2주일 뒤인 1924년 5월 19일 디온 오배니언은 지벤 양조장을 거래하려고 했던 순간에 토리오를 공격했다. 토리오는 복수를 계획했고, 장장 5개월 후인 1924년 11월 10일 오배니언을 살해했다. 그 달 안에 토리오가 시세로를 완전히 장악하는 데 가장 큰 걸림돌이었던 폭력배 에디 탱클Eddie Tancl도 제거됐다. 탱클은 그의 술집에서 음식값과 술값이 너무 많이 나왔다고 항의하는 토리오 부하들과 총격전을 벌였다. 술집에서의 일은 보헤미안 탱클을 제거하기 위한 킬러들의 구실이었다고도 전해진다. 토리오 부하들에 대한 기소는 기각됐다.

1925년 1월 웨이스와 모런의 매복 기습 때문에 토리오는 하마터면 목숨을 잃을 뻔했다. 게다가 몸이 나은 후에는 지벤 양조장때문에 5천 달러의 벌금과 함께 9개월형을 선고받았다. 그는 감옥에 있는 동안 시카고의 광기에 신물이 났다. 토리오는 그해 말

---

9. Landesco, *Organized Crime*, pp. 93–95; Bergreen, *Capone: The Man*, pp. 98–124.

시카고와 그 권역의 사업을 모두 카포네에게 넘기고 은퇴했다.

조직범죄의 성장과 카포네에게 끼친 토리오의 영향력은 과소평가할 수 없다. 시카고를 지배한 4년 동안 토리오는 중요한 범죄 사업 계획을 수립했고, 그 주요 골자는 오늘날의 조직범죄에도 여전히 활용되고 있다.

그는 합법적으로 양조장을 인수했고, 금주법 초창기에 공무원 및 양조 업자들과 결탁해서 양조장을 경영했다. 토리오는 경찰과 정치인들의 비호를 충분히 이끌어내서 그 자신은 물론 자신의 도박장과 매춘 업소 그리고 양조장에서 일하는 사람들을 보호함으로써 지도자로서 자리매김했다. 그는 이윤을 분배하고 분쟁을 해결함으로써 서로 다른 범죄 세력이 협조하게 만들었다. 이러한 전술이 먹히지 않을 경우에는 경찰과 자기 세력의 공조하에 물리력을 동원했다. 그는 개혁의 바람 때문에 어느 지역에서 사업장이 문을 닫을지 모르므로 이러한 경우에 대비해서 여러 지역으로 사업을 확장했다. 범죄 행위에 직접 연루되지 않도록 한 것은 뛰어난 통찰력이었다.[10]

확장과 타협이라는 토리오의 아이디어는 국제 범죄 그룹의 조직 확대에 사용됐고, 다양한 사업과 연합 범죄 행위로 퍼져나갔

---

10. Landesco, *Organized Crime*, pp. 94-95.

다. 지하 세계에 대한 토리오의 소중한 기여를 증명이라도 하듯이 루키 루치아노, 마이어 랜스키, 프랭크 코스텔로Frank Costello 그리고 암흑계의 다른 여러 두목들도 토리오를 인정하고 존경했다. 암흑계의 지도자들은 토리오가 심장 발작을 일으켜 1957년 76세를 일기로 생을 마감하기 전까지, 자주 찾아가 조언을 구하고 자문을 요청했다.

5장

알 카포네, 시카고를 접수하다

Al Capone

시세로는 카포네에게 마치 금광과 같은 곳이었다. 시세로 경마장을 둘러싼 싸움에도 불구하고 총격전이 벌어지는 일은 없었다고 언론은 전했다. 카포네를 가장 눈에 띄게 비판한 로버트 세인트존은 시세로 사람들의 "99퍼센트가 폭력배를 본 적도 없고, 총성을 들은 적도 없으며, 이 모든 소동을 접한 일이 없다"고 말했다.[1]

오히려 마피아들은 시세로 정부를 이용해서 그 지역을 장악했다. 고분고분하지 않은 상인들에게는 세금을 많이 부과했고 상점 앞의 주차 공간을 빼앗았다. 그러자 상인들은 재빨리 말귀를 알아듣고 협조하기 시작했다. 그러나 시세로는 단지 일부분에 지나지 않는다. 1924년 11월 토리오의 명령으로 오배니언이 제거되면서, 카포네는 시카고 노스사이드로 진출해서 제나 파

1. Laurence Bergreen, *Capone: The Man and the Era* (New York, 1994), p. 117에서 인용.

와 협력 관계를 구축할 수 있었다. 그러나 평화가 오래가지는 못했다.

전기 작가 프레드 파슬리Fred Pasley가 분명하게 밝히고 있듯이 제나 파는 시카고 역사상 가장 극악한 갱단이었다. 카포네는 제나 파를 저지하는 데 총력을 기울여야 했다. 그러다 보니 웨이스와 모런이 토리오를 공격했을 때도 복수에 나서지 않았다.

제나 파는 독자적으로 행동하기로 결정하고 카포네의 지배권에 매우 위협적인 태도를 취했다. 그들은 데버의 개혁 정권에도 불구하고 경찰의 비호를 받으며 공공연히 사업을 전개했다. 제나 파가 상대편 지역을 통과해서 화물을 이송할 때 경찰이 무장 경호를 했던 것으로 알려져 있다. 제나 파는 제한된 구역에서 거둬들이는 엄청난 이익에 만족하지 않고, 1924년 시칠리아 연합Unione Siciliana의 회장 마이크 메를로가 죽자 그 지배권을 확보하려 했다.[2]

시칠리아 연합은 원래 회원과 그 가족의 이익을 도모하기 위한 시칠리아 출신들의 상호 이익 조합이자 친목 단체였다. 회원들은 소액의 월 회비를 내고 질병, 실직, 죽음 등의 사고를 당했을 때 금전적인 원조를 포함해 혜택을 받을 수 있는 자격이 주어

2. Fred D. Pasley, *Al Capone: The Biography of a Self-Made Man* (1930; reprint, Freeport, N.Y., 1971), pp. 92 ff.

졌다. 질병이나 사망 사고와 같은 위급 상황을 해결하기 위한 정부 프로그램이 존재하지 않았던 시기에 이러한 조합은 이민자들에게 매우 큰 도움이 됐다. 웬만한 대도시에는 이탈리아계 이민자들을 중심으로 이러한 상호 원조 단체들이 꽤 여럿 존재했을 것이다. 단체 이름에서 알 수 있듯이 시칠리아 연합의 회원이 되기 위해서는 시칠리아 출신이어야 한다. 대부분의 상호 이익 조합은 자선을 목적으로 한 단체였다. 다시 말해서 범죄 조직이 아니라는 말이다.

그렇지만 때때로 범죄적인 요소가 끼어들었고 주객이 전도되는 상황도 발생했다. 시카고의 단체도 그런 경우였다. 시칠리아 연합은 20세기 초 흑수단과의 싸움을 도왔다. 이것은 백수회 White Hand Society의 지원으로 이루어졌다. 백수회는 이탈리아계 지역 사회에 평화를 정착시키고 범죄 집단이라는 오명을 씻으려는 목적으로 1907년 설립된 단체였다. 좋은 의도를 가지고 출발한 이 단체는 워싱턴 주재 이탈리아 대사관을 비롯해서 미국과 이탈리아 양국의 언론에 이르기까지 영향력 있는 사회 각계 각층으로부터 후원을 받았다.

초창기에 얼마간의 성공을 거두었지만 이후 백수회의 세력은 급격히 기울기 시작했다. 당파성과 계급 간 시기와 불신 그리고 범죄와 정치 부패는 인간 활동의 당연한 소산이라는 이탈리아

노동자들의 생각 때문이었다.[3] 결국 시칠리아 연합은 수천 명의 회원과 함께 탐낼 만한 물건이 됐다. 시칠리아 연합의 기금은 얼마든지 조작이 가능했고, 회원들은 폭력 조직들의 목적을 추진하기 위한 정치적 연합으로 이용될 수 있었다. 이를 노린 중심 세력들은 제나 파, 아이엘로 형제, 오배니언-모런 세력(아이엘로 형제와 오배니언-모런 세력은 서로 동맹 관계를 맺는다) 그리고 카포네였다.[4]

제나 파는 연간 20만 달러에 달하는 돈을 경찰에 뇌물로 바치면서도, 토리오-카포네 조직에 주류를 공급해 백만장자가 됐다. 토리오-카포네 조직은 제나 파가 오배니언 파와 전쟁을 벌였을 때 제나 파를 도와주기도 했다. 그러나 1924년 오배니언이 죽은 뒤 강적이 사라진 것처럼 보이자, 제나 파는 카포네에게 대항하고 그의 제국을 노릴 정도로 대담해졌다. 하지만 카포네에게 대항하기로 결심하고 안젤로 제나를 시칠리아 연합의 회장으로 추대한 것은 제나 파가 파멸하는 원인이 됐다.

제나 파는 카포네를 살해하기 위해서 그들의 고향인 시칠리아

---

3. Thomas M. Pitkin · Francesco Cordasco, *The Black Hand: A Chapter in Ethnic Crime* (Totowa, N. J., 1977), pp. 80―81.

4. Pasley, *Capone*, pp. 100―112; Jay Robert Nash, *Bloodletters and Badmen: A Narrative Encyclopedia of American Criminals from the Pilgrims to the Present* (New York, 1973), pp. 16―17.

마르살라 출신의 무서운 킬러 두 명을 뽑았다. 앨버트 안셀미와 존 스칼리스가 바로 그들이다. 이 시칠리아 출신 듀오는 카포네의 위세를 알고는 카포네를 죽이려다가 자신들이 죽을 수 있다는 두려움에 제나의 암살 계획을 카포네에게 고해 바쳤다. 카포네는 안셀미와 스칼리스를 설득해서 제나 조직을 치도록 만들었다. 이들은 1925년 늦봄에서 초여름 사이에 제나 가문의 안젤로, 마이크, 안토니오를 해치웠다. 피터, 짐, 샘은 시칠리아로 도망갔다. 수년 후에 그들은 시카고로 돌아와서 합법적인 수입 업체를 운영하며 조직 범죄에서 깨끗이 손을 털고 살았다.[5]

1925년 5월 "피투성이"(안젤로가 죽였다고 알려진 사람들의 엄청난 숫자 때문에 이런 별명이 붙었다) 안젤로 제나가 죽었을 때, 그의 부하이자 무자비한 킬러인 사무엘 "사무츠Samoots" 애머튜너는 자신이 시칠리아 연합의 회장직을 인계하겠다고 선언했다.

사무츠는 스스로 음악가라는 자부심을 갖고 있었다는 점에서 마치 콜로시모가 살아 돌아온 듯했다. 훌륭한 테너 음성을 지녔고 바이올린 곡을 작곡할 수 있었던 사무츠는 카페를 하나 사서 감흥에 젖을 때면 카페 손님들에게 직접 음악을 들려주곤 했다. 제나 파 잔당의 지원을 받았던 "사무츠" 애머튜너는 1925년 11월

---

5. John K. Kobler, *Capone: The Life and World of Al Capone* (New York, 1971), pp. 163–164.

까지 버틸 수 있었다.

어느 날 애머튜너가 면도와 손톱 손질을 받기 위해 이발소 의자에 앉았을 때, 두 명의 암살자가 들어와서 그를 쏴 죽였다. 이 살인 사건으로 인해 재판을 받은 사람은 아무도 없었지만, 그 암살자들이 웨이스-모런 조직의 빈센트 "음모자" 드루치Vincent "Schemer" Drucci와 짐 도허티Jim Doherty였을 것이라고 알려져 있다.

여러 해가 지난 후, 뉴욕 시티에서 프랭크 코스텔로의 목숨을 노린 유사한 살인 미수 사건이 있었다. 이 살인 기도 역시 코스텔로가 월도르프-애스토리아Waldorf-Astoria에서 평상시처럼 면도와 이발을 하려고 했을 때 벌어졌지만 실패로 끝났다.[6]

카포네가 시칠리아 연합에 영향력을 행사하는 방법은 매우 분명했다. 카포네의 시칠리아 출신 친구인 안토니오 롬바르도 Antonio Lombardo가 시칠리아 연합을 인수받고 나서 다음 3년 동안은 어느 정도 평화의 시기가 찾아왔다. 카포네는 편안한 마음으로 그의 관심을 살아남은 오배니언 잔당에게 돌렸다. 오배니언 일당은 시카고와 시세로에 있는 카포네 구역을 수없이 습격했다. 특히 카포네의 호손 본부에 대한 오배니언 일당의 공격은 아주 끔찍했다. 여덟 대의 여행용 차량을 타고 나타난 오배니언 일

---

6. Pasley, *Capone*, p. 112.

당은 처음에는 공포를 쏴서 사람들을 밖으로 유인했다. 그러고 나서 바로 실탄을 장전한 기관총을 사람들을 향해 난사했다. 카포네가 그 자리에서 죽기를 바라면서. 그러나 그 계략은 들어맞지 않았다. 1천 발 이상의 총탄이 발사됐지만 기적적으로 아무도 죽지 않았던 것이다. 카포네는 이 끔찍한 폭력의 향연을 꾸민 배후에는 분명 웨이스와 모런 그리고 드루치가 있을 것이라 확신했다.[7]

카포네는 웨이스와의 일을 처리하기 전에 먼저 내부의 위협으로부터 자신을 지켜야만 했다. 반反 카포네와 친親 카포네 노선을 오락가락하던 마일스 오도넬과 클론다이크 오도넬은 지금이 시세로에서 동맹을 깰 절호의 기회라고 생각했다. 자신이 원하는 바를 얻고야 마는 카포네의 결단력과 능력을 과소평가했던 것이다. 카포네는 자신의 구역 분할 구상에 경쟁세력들이 동의하지 않으면 시카고 전체와 그 주변 지역을 통째로 장악할 생각이었다.

1926년 4월 27일 마일스 오도넬은 몇몇 폭력배들과 윌리엄 H. 맥스위긴William H. McSwiggin(이 사람은 쿡 카운티의 검사보였다) 그리고 여러 사람들과 함께 있었다. 그들은 시세로에서 가볍게 술

---

7. Pasley, *Capone*, pp. 100−121.

을 마시고 오는 길이었는데, 지나가는 차에서 날아온 총알이 맥스위긴과 오도넬의 부하 둘을 죽였다. 오도넬은 목숨을 건졌다. 카포네는 재빨리 사라졌다. 후에 카포네는 자신의 변호사 토머스 D. 내시Thomas D. Nash와 함께 나타났고 무죄를 주장했다. 카포네는 자신이 맥스위긴과 친구 사이라고 설명하며 다음과 같이 말했다. "물론 나는 그를 죽이지 않았다…… 나는 그 녀석을 좋아했다. 그 바로 전날…… 그는 내 사무실로 찾아왔고, 그가 집으로 돌아갈 때 아버지께 드리라고 '스카치' 한 병을 주었다. 나는 맥스위긴에게 베풀었다. 그에게 많은 것을 주었고, 내가 받아야 할 것을 돌려받았다."[8]

카포네는 후에 연방 공무원 앞에서 그의 무죄를 강조하며 이렇게 증언했다. "그가 살해되기 딱 열흘 전에 나는 맥스위긴과 이야기를 나눴다. 그 자리에는 내 친구들이 함께 있었다. 만약 우리가 그를 죽이고 싶었다면 그때 그랬을 것이고, 아무도 그 일에 대해 알 수 없었을 것이다. 그러나 우리는 그를 죽이고 싶지 않았다. 그런 생각은 해본 적도 없었다."[9]

맥스위긴이 범죄자들을 상대했다는 사실을 듣고 사람들은 충

---

8. John Landesco, *Organized Crime in Chicago*, Illinois Crime Survey, part 3 (1929; reprint, Chicago, 1968), p. 11에서 인용.
9. 같은 책, pp. 19-20.

격을 받았다. 카포네가 맥스위긴의 아버지를 대면했을 때, 그에게 총을 건네주면서 아들을 죽인 범인이 자기라고 생각한다면 총을 쏘라고 말했다는 전설이 전해진다.[10]

왜 맥스위긴이 죽었는가에 대해서는 여러 가지 설이 있다. 어떤 이들은 그가 근무 중에 살해당했다고 생각했다. 자신이 담당한 사건에 필요한 정보를 캐고 있었다는 것이다. 또다른 사람들은 그가 뜻하지 않게 사고로 죽었다고 보았다. 맥스위긴을 다른 폭력배로 착각하고 죽였다는 것이다. 어떤 사람들은 그를 카포네의 불구대천의 원수인 하이미 웨이스로 잘못 알았을 것이라고 했다. 이외에도 수많은 설들이 계속해서 나돌았다. 하지만 이야기의 핵심은 맥주전쟁이었다. "어쨌거나" 노예제도가 남북전쟁을 야기했다는 것은 누구나 아는 사실이라고 언젠가 링컨이 말한 것처럼, "어쨌거나" 맥주전쟁이 맥스위긴을 죽음으로 몰고 갔다는 사실을 시카고 사람들은 잘 알고 있었다.

살인 사건은 미결로 남았지만 사건을 조사한 일곱 명의 배심원들은 조직범죄와 조직 폭력배들이 선거와 공무원 그리고 법정을 통제하려 한 시도를 집중 조명했다. 그리고 폭력 조직의 장례식에서 볼 수 있듯이, 범죄자들과 공권력 사이의 친밀한 결탁 관

---

10. Bergreen, *Capone: The Man*, p.195.

계를 만천하에 공개했다. 이 사건은 조직범죄에 대한 대중의 관심을 촉발시키는 역할을 했다. 사람들은 폭력 조직과 정치인 그리고 공권력 사이의 상호 관계를 알고는 완전히 넋이 나갔다. 많은 사람들이 대체 누가 누구를 통제하고 지배하는지 의아해했다. 폭력 조직이 이 모두를 지배했던 것일까? 혹은 폭력 조직이 정치인들의 볼모였을까? 아니면 법을 집행하는 공권력이 폭력 조직을 볼모로 잡은 것일까? 그도 아니라면 정치인들이 이 모든 사람들 위에 군림하는 것인가?

많은 사람들이 가장 지능적인 폭력배라고 생각했던 하이미 웨이스는 카포네가 유일하게 두려워한 인물이라고 전해진다. 호손 본부 습격 사건은 웨이스가 물불 가리지 않고 오배니언의 죽음을 보복하려 했다는 증거라 할 수 있다. 카포네는 웨이스와 모런 및 그 일당을 무시할 수 없었다. 여전히 평화 유지는 가능했다.

안토니오 롬바르도가 카포네와 웨이스 사이의 휴전을 조성하기 위한 중재자로 나섰다. 롬바르도는 카포네에게 오배니언을 죽인 안셀미와 스칼리스를 넘기라고 했다. 그러면 웨이스도 평화를 지속하는 데 동의할 것이라고 했다. 카포네는 그 제안을 거절했다. 대신 그는 웨이스를 제거하기 위해 암살단을 보냈다. 암살단에는 프랭크 니티Frank Nitti, 앤서니 아카르도Anthony Accardo, 프랭크 다이아몬드Frank Diamond, 그리고 두 장본인 안셀미와 스칼리스가 포함됐다. 이들은 웨이스의 시카고 지역 본부 근처에 마땅한 장소를 빌리고 동정을 감시하며 기다렸다. 일주일이 채 지나지 않은 1926년 10월 11일 웨이스가 그의 가게로 걸어가는 모습이 포착됐고 경호원 셋 중 한 명과 함께 총에 맞아 쓰러졌다. 카포네는 이 살육과 연루된 가능성을 전면 부정했다.

당시 카포네는 시세로에 있었다고 알리바이를 댈 수 있었다. 경찰은 더 이상 그를 괴롭힐 수 없었다. 그러나 호손 호텔에 있는 그의 본부에서 기자들에게 질문 공세를 받았을 때 카포네는 웨이스에게 드디어 올 것이 왔다는 듯이 이야기했다. 그가 기자들에게 말했다. "토리오와 내가 웨이스와 오배니언을 키웠다…… 그들이 관계를 끊었을 때…… (우리는) 이의가 없었다. 그런데 그들이 우리 구역을 침범해서 정말 비열한 짓을 하기 시작했다. 우리는 원래 그들의 구역인 노스사이드로 다시 올라가라고 전갈을 보냈다. 제발 문제를 일으키지 말라고 간곡하게 부탁했다. 하지만 그들은 우리 구역에 난입해서 파괴를 일삼고 트럭 여러 대를 강탈해 갔다…… 그들은 자신들이 우리보다 더 대단하다고 생각했던 모양이다."[11]

카포네는 토리오가 저격당한 뒤에도 웨이스가 알아듣도록 계

---

11. Nash, *Badmen*, p. 604.

속해서 대화를 시도했다고 말했다. 그는 웨이스와 부를 나누어 가지고 평화로운 환경을 조성함으로써 밤낮으로 경호원의 감시 속에서 긴장하며 살지 않아도 되도록 타협하고 싶었다. 하지만 그의 노력은 수포로 돌아갔다.

웨이스의 호전적이고 파괴적인 행위가 카포네를 겨냥한 것이었음을 분명히 한 후에 카포네는 회의적으로 말했다. "하이미의 죽음은 유감이다. 하지만 나는 그의 죽음과 무관하다…… 내가 왜 하이미 웨이스를 죽이겠는가?" 카포네의 진술을 듣자마자 형사 반장은 간단하게 대꾸했다. "그 이유는 카포네도 알고 있고 다른 모든 사람들도 안다. 그가 하이미를 죽였다." [12]

카포네에게 가장 무서운 적은 이제 사라졌다. 여전히 그에게는 모런과 드루치 그리고 제나 파의 잔당을 처리해야 하는 일이 남아 있었다. 하지만 웨이스처럼 카포네의 세력에 위협이 되는 존재들은 아니었다.

1926년 가을 카포네는 주류 밀매 사업을 확장하기로 했다. 그는 시칠리아 연합을 통해 광범위한 조직망을 확보하고 사업을 확장했다. 그때쯤 정품 스카치위스키와 금주법 이전에 만들어진 다른 제품들이 바닥나고 있었다. 많은 사람들이 영국 및 다른 여러 나

---

12. 같은 책.

라에서 정품을 수입하려는 카포네를 영웅이라 생각했다. 카포네는 플로리다와 뉴올리언스에 쿠바와 바하마에서 위스키 공급이 가능한 주류 판매상들을 보유하고 있었다. 또한 세인트루이스의 이건 래츠Egan's Rats, 디트로이트의 퍼플갱Purple Gang, 필라델피아의 맥스 "삽질" 호프Max "Boo Boo" Hoff 파, 그리고 뉴욕의 프랭키 예일과 손을 잡았다. 그가 뉴욕으로 보낸 화물이 강탈당하기 시작했을 때 이유를 알아보기 위해 제임스 드 아마토James De Amato를 뉴욕에 잠입시켰다. 드 아마토가 1927년 7월 7일 살해당했다. 카포네는 예일이 배신했다는 것을 알았다.[13]

카포네는 적당한 때를 봐서 예일의 배신을 응징하기로 마음먹었다.

시카고의 남서부에서도 카포네의 심기를 건드리는 일이 발생했다. 1923년 살티스 매컬레인 파는 토리오-카포네 세력과 연합해서 스파이크 오도넬 세력을 축출하는 데 중요한 역할을 맡았다. 1926년까지 살티스는 하이미 웨이스와 은밀한 관계를 유지했다. 웨이스를 해치우고 난 후에 존 "미치광이" 오베르타John "Dingbat" O'Berta는 그해 10월 20일 시카고의 셔먼 호텔에서 암흑계의 회동을 주재했다. 모런, 드루치, 제이크 "기름밥" 구직Jake

13. Pasley, *Capone*, p. 241.

"Greasy Thumb" Guzik, 랠프 셸던Ralph Sheldon, 윌리엄 스키드모어 William Skidmore, 잭 주터Jack Zuta, 그리고 다른 몇몇과 함께 카포네 도 그 자리에 있었다. 그들은 서로를 공격하는 짓은 자멸하는 길 이며, 지나간 일은 묻지 않는 것이 모두에게 이익이라는 데 합의 했다. 말하자면 그들은 일괄적인 사면을 선언한 것이었다. 아쉽 게도 평화는 너무 빨리 깨졌다. 카포네의 부추김에 넘어간 셸던 은 시카고 남서부의 경마장을 놓고 살티스와 몇 년째 싸우고 있 었다. 랠프 셸던의 부하가 살해당한 지 두 달밖에 되지 않은 시점 이었다. 셸던으로서는 그것도 많이 참은 셈이었다.

1926년 초에 살티스에게 이미 두 명의 총잡이를 잃은 바 있는 셸던은 살티스를 상대로 전쟁을 선포했다. 셸던은 1927년 3월 살 티스 세력의 핵심 멤버 두 명을 함정에 빠뜨려 살해했다. 겁을 먹 은 살티스와 매컬레인은 화해를 요청했다. 카포네는 그들의 사 업장 상당 부분을 접수하는 대가로 이를 받아들였다. 매컬레인 이 물러나고 1930년 3월 오베르타마저 살해당했다. 그러자 살티 스도 자신의 이름을 딴 위스콘신 주의 살티스빌에 마련해놓은 전원 주택으로 낙향했다. 이제 카포네는 시카고의 남서부를 완 전히 장악하게 됐다.[14]

14. Nash, *Badmen*, pp. 483−484.

6장

알 카포네,
세력을 공고히 하다

Al Capone

1927년 4월, 윌리엄 H. 톰슨은 자유분방한 정책을 주장하며 시카고 시장에 재선됐다. 카포네는 시세로에서 4년간 은둔 생활을 보낸 후 시카고로 돌아와 메트로폴 호텔을 근거지로 삼았다. 카포네가 도심 지역의 조직을 장악하지 못하게 하려는 두 개의 세력이 있었다. 이들은 오배니언 파와 제나 파의 잔당들이었다. 얼마 동안은 카포네와 경쟁 세력들 간에 협력 관계가 유지됐다. 토리오 전략으로 회귀하면서 폭력 조직들은 조합을 형성해 도박, 매음, 밀주 등의 불법 사업에서 발생한 이익을 나눠 가졌다. 조직원은 체포되지 않도록 비호를 받고 있었다. 교외 여관이나 싸구려 술집 등 여러 가지 불법 사업을 운영하는 사람들은 마피아나 법의 규제를 피하기 위해 대가를 지불해야만 했다.

평화는 오래가지 못했다. 폴란드인과 아일랜드인 사이에서 태어난 벅스 모런은 10대에 아일랜드 조직에 가입해 강도질을 전문으로 했고 1910년에는 17세의 나이로 오배니언 파에 들어갔다. 1927년 웨이스가 카포네 일당에게 제거당하고, 그해 4월 빈센트 드루치도 경찰의 총에 살해당하면서 모런은 조직을 인계받았다. 모런도 웨이스만큼이나 카포네를 없애고 싶었다. 모런은 배짱은 두둑했지만 몰상식한 인간이었다. 그는 공공연히 카포네의 매음 및 밀주 사업을 맹공격했다. 끊임없이 카포네를 공격하면서도 모런은 카포네의 사업 영역에 적극적으로 진출을 시도했다.

1929년 1월 모런과 조셉 아이엘로는 제나의 잔당을 끌어 모아 카포네와의 전면전을 준비했다. 암흑계의 패권을 차지하기 위해 싸우는 동안 양쪽 모두 상당한 수의 조직원을 잃었다. 카포네는 가장 먼저 제거해야 할 목표물이었다. 사실상 1925년 이래로 여러 차례 카포네의 목숨을 노리는 시도가 있었다. 때문에 많은 사람들이 카포네가 오래 버티지는 못할 것이라고 생각했다. 카포네에게 생명보험을 들어주는 회사가 없을 정도였다.

그러나 카포네를 제거하려는 웨이스와 드루치 그리고 모런의 시도는 모두 실패했다. 언젠가 드루치는 아칸소 주의 핫스프링스에서 카포네를 엽총으로 살해하려다 실패했다. 범죄자들에게 핫스프링스는 복병의 습격을 당할 걱정 없이 활개치고 다닐 수 있는 자유롭고 안전한 도시로 알려져 있었다. 아이엘로는 카포네를 죽이는 사람에게는 5만 달러를 주겠다는 벽보를 붙이기도 했다. 1927년 아이엘로는 카포네를 제거하기 위해 뉴욕, 세인트 루이스, 클리블랜드, 밀워키 출신의 킬러들을 고용했다. 그러나 카포네는 조직을 동원해서 킬러들을 색출하고 모조리 제거했다. 이에 겁을 먹은 아이엘로는 카포네의 전속 요리사를 매수해 음식에 독을 타려고 했다. 하지만 요리사는 그 제안을 거절하고 아이엘로의 암살 계획을 카포네에게 알렸다.

1929년 1월 8일 아이엘로와 모런은 파스퀼리노 롤로르도 Pasquilino Lolordo를 총으로 쏴 죽였다. 롤로르도는 카포네가 뒤를 봐주는 시칠리아 연합의 회장이었다. 이 사건으로 인해 카포네의 인내심은 한계에 다다랐다. 카포네는 모런 암살 명령을 내렸다. 이것은 단순한 암살 명령이 아니었다. 광포한 대량 학살의 시작이었다. 성 발렌타인데이 학살로 전 세계에 악명을 떨치게 된 사건이 바로 이것이다.

성 발렌타인데이 대학살은 책, 영화, 텔레비전 쇼 등을 통해 유혈이 낭자한 세부 상황 하나하나가 되풀이해서 이야기됐다. 암살자들은 경찰을 가장해 모런의 밀주 창고에 잠입했다. 무방비 상태로 있던 일곱 명을 붙잡아 마치 몸수색을 하는 것처럼 벽을 향해 세우고는 뒤에서 기관총을 난사했다. 그러나 이들 가운데 모런은 없었다. 그는 창고로 오는 도중에 경찰이 급습한 줄 알고 서둘러 도망쳤다. 창고의 동정을 살피던 자가 알 웨인생크를 모런으로 잘못 알아보고 공격 신호를 보낸 것이었다. 어쨌거나 이 사건으로 유죄 판결을 받은 사람은 아무도 없었다.

카포네의 전기 작가인 존 코블러에 따르면, 확실히 이 사건에 가담했다고 할 수 있는 유일한 인물은 "살인자" 프레드 버크로 세인트루이스에 기반을 둔 이건 래츠의 조직원이었다. 이밖에도 안셀미, 스칼리스, "기관총" 잭 맥건, 조지 지글러, 거스 윙클러, "학 모가지" 너전트, 그리고 미주리 출신인 클로드 매독스 등이 어떤 식으로든 이 사건에 가담했던 것으로 보인다.[1]

이전까지 카포네는 시카고에서 가장 흉악한 범죄자로서 토리오, 오배니언, 웨이스, 제나 등과 어깨를 나란히 했다. 1928년 무렵 많은 이들이 카포네를 "암흑계의 황제"로 생각했지만, "아직은 토리오가 구축한 것과 같은 난공불락의 패권을 확보하는 데 성공하지 못했다"는 점에 주목해야 한다.[2] 성 발렌타인데이 대학살 이후 카포네는 최고의 자리에 등극했다.

하지만 카포네가 경쟁 세력을 거의 다 제거해감에 따라 카포네의 운도 빛이 바래기 시작했다. 카포네는 아직 해치우지 못한 일이 있었다. 모런은 자신을 치려는 공격을 피해갔다. 부하들이 죽

---

1. John K. Kobler, *Capone: The Life and World of Al Capone* (New York, 1971), pp. 247−261.

2. John Landesco, *Organized Crime in Chicago,* Illinois Crime Survey, part 3 (1929; reprint, Chicago, 1968), pp. 11, 95.

고 나자 모런은 조직범죄에서 손을 떼고 대신 소규모 강도질을 일삼았다. 모런은 경찰 비호 세력을 두지 않았기에 오하이오 주립 교도소와 레븐워스 연방 교도소에서 은행 강도 건에 대한 형기를 치르다 1957년 사망했다. 조셉 아이엘로는 카포네에게 여전히 가시 같은 존재였다. 게다가 카포네의 충복인 "날쌘 두꺼비" 주세페 긴타, 앨버트 안셀미, 존 스칼리스마저 곧 배신을 했다.

긴타는 카포네의 승인을 얻어 시칠리아 연합의 회장직을 인계받았지만, 카포네에 대한 당국의 압력이 거세짐에 따라 자신이 카포네의 사업을 접수할 수 있겠다는 생각을 했다. 그는 시칠리아 연합의 부회장직을 맡고 있는 안셀미와 스칼리스를 설득해서 자신의 계획에 동참하도록 했다. 그러나 이들의 음모는 카포네의 경호원인 프랭키 리오에게 발각되고 말았다.

1929년 5월 7일 카포네는 호손 인에서 연회를 열고는 최고의 총잡이들과 함께 문제의 3인방을 초대했다. 손님들이 한껏 취한 다음에 카포네는 반역자 3인방을 야구 방망이로 때려 숨지게 했다. 인디애나 주 경계선 근방에 버려진 차 안에서 온몸의 뼈가 으스러진 너덜너덜한 시신이 발견됐다. 3개월 안에 끔찍한 살상이 두 건이나 발생한 것이었다. 당분간 조용히 숨어 지내야 했던 카포네는 애틀랜틱 시티로 갔다. 그곳에서는 전국에서 모인 폭력 조직의 두목들이 조직범죄의 장래를 의논하는 회합을 열고

있었다.[3]

시카고에는 이제 아이엘로만 남았다. 카포네는 1927년에 아이
엘로에게서 위협의 싹을 모두 잘랐다고 생각하고 있었다. 당시
카포네는 살인 청부를 위해 아이엘로를 불러들이는 것처럼 일을
꾸몄다. 그리고는 아이엘로 옆방에 부하 세 명을 배치했다. 카포
네의 부하들이 아이엘로를 죽이겠다고 위협했다. 아이엘로는 목
숨을 구걸했다.

결국 아이엘로는 시카고를 떠나는 조건으로 목숨을 부지해 뉴
저지 주의 트렌턴으로 옮겨갔다. 그러나 1929년 아이엘로는 다
시금 용기를 가다듬고 카포네를 거꾸러뜨릴 결심을 했다. 그는
시칠리아 연합의 회장직을 접수하기에 이르렀다. 하지만 회장
임기 중에 살해당한 다른 전임 회장들처럼 아이엘로의 행운도
거기까지였다. 1930년 10월 23일 아이엘로는 기관총에 난사당해
죽음을 맞이했다. 마침내 카포네는 모든 경쟁 세력들을 제거한
것이다.[4]

3. Kobler, *Capone*, pp.262－266.
4. Jay Robert Nash, *Bloodletters and Badmen: A Narrative Encyclopedia of American Criminals from the Pilgrims to the Present* (New York, 1973), pp. 16－17; Kobler, *Capone*, pp. 232－233.

7장

암흑계 보스들의 비밀 회합

Al Capone

1920년대 이후 폭력 조직들의 조직범죄는 엄청난 도약을 하게 됐다. 그들은 회의를 열어 상호 관심사를 논의하기 시작했다. 최초의 회의는 1928년 12월 클리블랜드에서 열렸다. 회의 참가자는 전원 이탈리아인이었다. 상당수가 조직범죄 세계의 떠오르는 지도자들이어서 카포네는 회의에 참석하면 혹시나 자신의 세력을 잃지 않을까 우려해서 불참했다.

그는 대리인을 보냈다. 회의가 어떻게 진행됐는지는 확실히 알려지지 않았다. 하지만 이 회의는 암흑계 회합의 전례를 형성했으며 "외국 출신의" 갱들이 미국화되는 길을 열었던 것만은 확실하다. 클리블랜드 회합과 그후의 회의들을 통해 조직범죄 세력은 미국식 사업 경영의 모범을 따라 회의를 열고 지도자들을 한데 모아 사업을 논의하며 아이디어를 교환했다.

실제로 미국의 모든 직종과 산업들은 연례 회의를 소집했다. 매년 회의를 열지는 않았지만, 조직범죄 세력도 예외는 아니었다. 암흑계의 회합은 비밀리에 이루어졌다는 것이 차이점이었다. 따라서 갱들이 얼마나 자주 회합을 가졌는지는 아무도 모른다.

클리블랜드 회의에서 다뤄진 중요한 사업 아이템은 위스키 생산에 필요한 옥수수당에 관련된 문제였을 것이다. 마피아 지도자들은 옥수수당의 공급과 유통이 안정적으로 일정하게 이루어지도록 해 이윤을 최대화하고 싶었다. 프랭키 예일과 토니 롬바르도가 살해당한 직후 열렸던 회의는 십중팔구 뉴욕과 시카고에 있는 시칠리아 연합의 지배권이 순조롭게 이양되도록 감독하기 위해 소집됐을 것이다.[1]

카포네도 이듬해 애틀랜틱 시티 암흑계 지도자들 회합에 참석했다. 카포네는 다른 조직들이 뒤에서 무슨 일을 꾸미도록 내버려두는 것보다는 일이 어떻게 진행되는지 예의 주시하는 편이 더 낫다고 생각했음에 틀림없다. 폭력 조직들은 크게 진일보해서 경마장과 다른 불법 사업들을 주요 지도자들에게 맡김으로써 그간의 혼란과 고충에 종지부를 찍었다.

그 회의의 내용이 밖으로 알려진 것은 없지만(회의 내용은 아무것도 노출된 바 없다), 여러 작가들은 회의에서 논의되고 합의를

---

1. Humbert S. Nelli, *The Business of Crime: Italians and Syndicate Crime in the United States* (New York, 1976), pp. 213−214.

보았을 법한 많은 의제들을 생각해냈다. 누가 참석하고 또 누가 초대받지 못했는지에 따라 조직범죄 세계에서 이민 1세대와 2세대들의 방향과 동화와 미국화 과정 등을 보여준다. 시카고에서는 알 카포네와 제이크 "기름밥" 구직이 참석했다. 킹 솔로몬King Solomon은 보스턴을 대표했다. "삽질" 호프와 왁시 고든Waxey Gordon 그리고 닉 로즌Nig Rosen은 필라델피아 부근에서 왔다. 모 댈리츠Moe Dalitz는 루 로스코프Lou Rothkopf와 레오 베르코비츠Leo Berkowitz(그는 찰스 폴리치Charles Polizzi라는 이름으로 참석했다)가 포함된 클리블랜드 파견단을 이끌었다. 디트로이트에서는 에이브 번스타인Abe Bernstein이 이끄는 대규모 파견단이 도착했다. 캔자스 시티의 정치적 지도자인 보스 톰 펜더개스트Boss Tom Pendergast는 자신의 대리인으로 존 라치아John Lazia를 임명했다.

뉴욕은 다른 어느 도시보다도 많은 갱들을 파견했다. 조니 토리오, 루키 루치아노, 마이어 랜스키, 론지 츠빌먼Longie Zwillman, 윌리 모레티Willie Moretti, 프랭크 코스텔로, 렙키 부캘터Lepke Buchalter, 조 아도니스Joe Adonis, 더치 슐츠Dutch Schultz, 앨버트 아나스타샤Albert Anastasia, 빈스 망가노Vince Mangano와 프랭크 스칼리스가 총출동했다. 1928년 11월 현대화된 조직범죄의 중심 세력이었던 에이브 로트슈타인Abe Rothstein이 사망하면서, 프랭크 에릭슨Frank Erickson이 그의 전문적 식견을 가지고 도박의 세계에 뛰어들었다.

그러나 이른바 정통 마피아 조직원이었던 조 "보스" 마세리아와 살바토레 마란차노는 초대받지 못했다. 둘 다 시칠리아 출신이었고, 뉴욕 시의 주요 이탈리아 조직을 이끌고 있었다. 서로 철천지원수 사이로 뉴욕 권역에서 활동하는 5대 이탈리아 범죄조직을 지배하는 절대적인 보스 자리를 놓고 경쟁하는 관계였다. 이러한 대립 상황은 루치아노가 이 두 명의 대부(Dons, 이탈리아 범죄조직의 보스를 일반적으로 일컫는 말)를 회의에서 제외시키는 좋은 구실이 됐다. 마세리아와 마란차노는 이탈리아인이 아닌 사람들에게 사업을 공개할 마음이 없었다. 그들은 시칠리아인끼리만 교류하는 구식 방법을 고수했다. 그러다 보니 여러 인종이 모이는 회합에서 두 대부가 눈에 띨 수밖에 없고 원만한 의사 진행에 방해가 될 것이 분명했다. 루치아노와 랜스키는 최고의 조직원을 찾아 힘을 합하는 것이 앞으로 조직이 나아가야 할 방향이라고 확신했다.

이탈리아인만 받아들이는 인종적 배타성이라든지 조직의 사업에 대한 구식 관습을 무시했다. 그러한 것들은 미국의 상황에 맞지 않고 비생산적이라고 생각했다. 루치아노와 랜스키는 개방적인 태도를 갖고 있었다. 그들은 보수적이고 편협한 사고방식은 사업을 키울 수 있는 기회를 제한할 뿐이라고 생각했다. 루치아노와 랜스키가 마세리아와 마란차노에게 공개적으로 도전하는 것을 원치 않는다면 마세리아와 마란차노가 참석하지 않는 편이 루치아노와 랜스키에게 도움이 되는 상황이었다. 루치아노와 랜스키는 의제를 수립하고 당면한 사업 문제를 효율적으로 처리하고 싶었다.

애틀랜틱 시티 회합은 미국에서 마피아가 번성할 싹을 아예 잘라버렸다. 조직과 도박과 주류를 취급하는 일이 갑자기 중단됐다.

회의 참석자들은 전국적인 관할권을 가지는 기구를 설립하는 데 합의했다. 이 기구에서는 모든 구성원이 동등한 권한을 가지기로 했다. 즉, 절대적인 권한을 가진 보스는 존재하지 않는다. 그리고 살인은 금지됐다. 그들이 동의한 조직의 규칙을 지키는 한 각자의 경마장에 대한 지배권은 존중됐다. 술과 여자 그리고 도박을 통해 벌 수 있는 돈은 어마어마했다. 구역 할당에 동의하고 약속을 지키면 모두가 이익을 볼 수 있을 것 같았다.

그들은 불법 도박에 매우 관심이 많았다. 도박은 금주법 시기에 밀주 사업 이상으로 조직범죄의 핵심을 차지했다. 도박 사업은 얼마든지 확장할 수 있었다. 알 카포네와 모세 아넨버그Moses Annenberg와 프랭크 에릭슨의 노력으로 폭력 조직들은 전국적인 레이오프lay-off 베팅 시스템을 설립할 수 있었다. 경마광을 대상으로 한 국영 통신과 경마계의 바이블이라 할 수 있는 「데일리 레이싱 폼Daily Racing Form」과 협력해서 아넨버그는 경마광들을 끌어들이는 데 큰 역할을 했다.

그는 경마광들이 경기의 승자를 예상하고 돈을 거는 데 필요한 정보를 제공했다. 「데일리 레이싱 폼」은 경주마에 대한 정보를 제공했다. 이를테면 과거 성적, 기수, 조련사, 그리고 기타 중요한 정보들을 알려주었다. 또한 아넨버그는 최신 경마 신문을 제공해서 어떤 경주마가 출전을 포기했고 어떤 말의 조련사가 누구로 교체됐는지 등등 당일 프로그램과 관련된 따끈따끈한 정보를 제공하기도 했다. 통신사는 마권 업자들에게 경마 실황을 중계했다. 이러한 방식으로 마권 업자들은 마치 경기장에 있는 것처럼 경마에 몰두할 수 있었다. 경기가 끝나고 공식 결과가 나오면 상금을 탔고, 마권 업자들이 건 말이 경기에 지면 전체 경마 프로그램을 유지할 수 있을 만큼의 판돈을 배당하기도 했다. 경마 정보와 통신사는 경마에 돈을 거는 일이 매력적으로 보이도록 했다. 이러한 서비스가 미흡한 지역에서는 경마 도박을 즐기는 사람들이 거의 없었다. 경마에서 우승한 말이 어떤 말인지를 하루 이틀씩이나 기다려야 알 수 있다면 아무도 경마에 베팅하고 싶지 않을 것이다. 일반적으로 도박을 즐기는 사람들은 즉석에서 즐길 수 있는 기쁨을 원한다. 만약 도박을 하는 사람이 초창기 형태의 신문이 발행되는 곳에 산다면, 경마 결과를 알기 위해서 이틀을 기다려야 한다. 그렇다면 그 도박꾼은 곧 경마에 흥미를 잃게 될 것이다.

로트슈타인은 1928년 살해당하기 직전에 도박을 전국화할 수 있는 레이오프 베팅 시스템을 고안했다. 이 시스템은 베팅을 일정 부분 유보시킴으로써 경주마 한 마리에 지나치게 많은 배당금이 가는 것을 방지했다. 말하자면 판돈 대장에 균형을 맞추는 것이다. 이 방법은 도박적인 요소를 없애거나 최소화시키면서 마권 업자를 일종의 사업가로 만들었다. 마권 업자들 스스로 배당금 분배를 하도록 함으로써 이윤을 보장해주었다. 이긴 말에 건 사람은 진 말에 걸린 돈만을 받게 됐다.

정부가 배당금 제도를 시행할 경우, 총수입에서 수수료를 제하고 남은 돈을 이긴 말에 건 사람들이 다 가져가게 된다. 마권 업자는 이긴 말에 건 사람들에게 배당금을 지불한 후 남은 돈만 자신들이 챙겨야 하는 상황을 감수해야 했다. 이제 마권 업자들은 지불금에 상한을 두어 예상외의 엄청난 승자가 돈을 싹쓸이하지 못하도록 했다. 그러다 보니 일반적인 경우 비용을 지불하고 나서도 순이익을 충분히 볼 수 있을 만큼의 총수입이 확보됐다. 레이오프 제도는 일방적인 베팅 방식이 이루어졌던 어느 스포츠에나 활용될 수 있었다. 이처럼 조직 범죄자들은 오늘날 "비고리시vigorish"라고 부르는 마권 업자의 이익을 떼어두게 함으로써 경마를 수익성 있는 사업으로 발전시켰다.

여기서 보다 중요한 점은 이같이 혁신적인 장치가 전국의 도박꾼들을 연계시켰다는 점이다. 도박꾼들의 대부분은 폭력배였기 때문에 전국적인 범죄 신디케이트 형성이 용이했다. 금주법도 각 지역의 조직을 중앙화하는 계기가 될 수 있었다. 하지만 금주법은 단지 12년간 발효됐을 뿐이고, 너무 많은 배신과 비협조를 낳았다. 그와 반대로 도박은 식민지 시대부터 현재에 이르기까지 존속하고 있다. 도박은 협력에 기반을 두고 있기 때문에 그래도 봐줄 만한 조직범죄이자 제일 안정적인 돈벌이로 유지되고 있는 것이다.[2]

주류 문제에 대해서는 회의 참석자들은 해외에서 반입되는 술을 둘러싼 살벌한 경쟁을 중지시키고자 했다. 그렇게 해서 수입 술의 가격을 떨어뜨리게 되면 모두가 이익을 보는 것이었다. 그들은 맥주 양조장과 증류주 양조장 그리고 주류 수입 프랜차이즈 등을 사들이면서 금주법이 해제될 때를 대비했다.

회의 참석자들이 직면한 가장 큰 문제는 알 카포네를 어떻게 처리할 것인가였다. 카포네는 성 발렌타인데이 학살과 긴타, 안

---

2. Martin A. Gosch and Richard Hammer, *The Last Testament of Lucky Luciano* (Boston, 1974), pp. 103-108은 애틀랜틱 시 협의회를 서술하고 있다.

셸미, 스칼리스를 잔인하게 때려죽인 일로 세간의 이목을 엄청나게 끌고 있었다. 루치아노와 랜스키 그리고 다른 사람들은 시카고의 "황제"를 무력화하려고 했다. 토리오가 새 위원회를 맡으면서 모든 분쟁이 해결됐다. 카포네의 오랜 숙적인 조셉 아이엘로가 시카고의 시칠리아 연합을 접수했다. 카포네는 자신이 꾸려온 도박 사업을 위원회에 양도해야만 했다.

역설적이게도 카포네가 전성기를 맞이했을 때 동료들은 그가 말썽꾼이라고 생각하고 있었다. 카포네에게 가장 나쁜 적은 경찰이나 정치가들이 아니라 바로 이들이었다. 그는 화합이 강제될 수 있는 게 아니라는 점을 알고 있었다. 어느 정도 양보하지 않는다면 그가 제거될 수 있다는 점도 알고 있었다. 카포네는 시간을 벌기로 결심했다. 너무나 많은 지역 폭력 조직들이 카포네가 당분간 잠자코 지내기를 원했기 때문에 그렇게 하는 편이 좋겠다고 생각했다. 얼마 뒤 필라델피아에서 일어난 일을 놓고 볼 때 이 시나리오가 가장 그럴듯하다. 대부분의 전기 작가들은 카포네가 자신에게 우호적인 경찰을 불러 자신을 무기 소지죄로 체포하도록 했다고 생각한다.

정부 당국은 카포네를 감옥에 보내려고 수년간 애썼지만 번번이 수포로 돌아갔다. 카포네는 마음대로 부릴 수 있는 최고의 변호인단을 보유하고 있었기 때문이다. 하지만 회의가 해산된 지

16시간 만에 카포네는 비밀 무기를 소지한 죄로 1년형을 살기 시작했다. 카포네는 5월 17일 밤 체포됐다. 5월 18일 오전 10시 30분에 대배심이 카포네를 정식 기소했다. 그는 오전 11시 30분에 유죄를 인정했다. 주심 판사가 오후 12시 15분에 형을 선고했고, 카포네는 오후 12시 45분부터 형기를 시작했다. 카포네는 변호인단에게 분홍빛이 도는 11.5캐럿짜리 다이아몬드 반지를 맡기면서, 그 반지를 카포네의 형 랠프에게 주라고 지시했다. 랠프는 알 카포네가 돌아올 때까지 행동 대장을 맡았다.[3]

이것이 카포네가 당면한 문제를 해결하는 데 최선책이었는지 아니었는지는 알려지지 않았다. 카포네가 시카고로 돌아가든 아니면 최근에 집을 사놓은 마이애미비치로 돌아가든 간에, 아무리 피하려고 해도 그는 계속해서 주목을 받게 돼 있었다. 자신에 대한 살인 기도에 무방비 상태로 노출될 것이었다. 감옥은 카포네를 숨겨주었다. 그러나 카포네의 힘이 다해가고 있다는 점만은 분명했다. 애틀랜틱 시티와 필라델피아에서 벌어진 일들은 전국적으로 조직을 확대하고자 했던 카포네의 희망을 산산조각 냈다. 카포네는 이제 앞에는 내리막만이 존재했다.

애틀랜틱 시티에서 논의됐던 조직의 다양화 및 확장 계획을

---

3. Laurence Bergreen, *Capone: The Man and the Era* (New York, 1994), pp. 336-338.

이행하는 과정에서 그 무엇보다도 먼저 했어야 할 일은 이 계획에 반대했던 두 사람, 마세리아와 마란차노를 처리하는 일이었다. 그 두 사람은 이탈리아인으로만 제한된 세상에서 누가 "절대적인 보스"가 될 것인지를 놓고 대립하고 있었다. 마세리아의 수석 부하인 루키 루치아노는 자신의 보스에게 불리하게 바뀌는 흐름을 보고 마세리아 살해를 획책했다.

드디어 마란차노는 스스로 이탈리아 범죄조직의 단일 보스임을 선언하고 공을 세운 루치아노에게 지하 세계의 사업을 총괄할 권한을 부여했다. 마란차노는 뉴욕에 다섯 개 파를 상정하고, 전통적인 마피아 방식으로 오랫동안 통치할 생각을 했다. 단원들은 침묵의 서약을 해야 했고 무조건 명령에 따라야 했다. 서로 간에 폭력을 사용할 수 없고, 다른 단원의 사업이나 아내를 탐내서도 안 된다. 물론 오직 이탈리아인만 이 조직에 속할 수 있었다. 후에 조셉 밸러치Joseph Valachi가 '라 코사 노스트라La Cosa Nostra'라고 말한 조직이 바로 이것이다. 라 코사 노스트라는 "우리의 것Our Thing or This Thing of Ours"이라는 의미다. 마란차노는 오래가지 못했다. 루치아노는 다른 생각을 가지고 있었고 조직 내 충분한 지지 기반을 보유하고 있었다.

조 밸러치Joe Valachi는 비토 제너보즈Vito Genevose 범죄 집단의 하급 단원으로 애틀랜타 교도소에서 형을 살고 있었다. 밸러치는 제너보즈가 기를 쓰고 자신을 죽이려 할 것이라고 생각했기 때문에 엉뚱한 죄수를 제너보즈가 보낸 킬러라고 착각하고 곤봉으로 때려 죽였다. 밸러치는 사형 언도를 면하기 위해 FBI에 협조하기로 하고 매클렐란McClellan 상원 조사 위원회에 조직범죄에 관해 그가 알고 있는 전부를 불었다. 밸러치는 라 코사 노스트라 LCN라고 부르는 이탈리아계 24개 조직에 대해 얘기한 것이지만, 미국 사람들은 당연히 마피아라고 이해했다.

1963년 매클렐란 위원회는 LCN을 다음과 같이 결론지었다. "조직범죄를 저지르는 사설 조직. 연간 수십 억의 소득을 벌어들이는 조직으로서 조직에 대한 중요한 결정권을 가지고 있고 계파들 사이의 분쟁을 해결하며 조직 간 구역을 할당하는 위원회에 의해 운영됨."[4]

마피아라는 단어는 한 번도 언급되지 않았지만 이렇게 해서 밸러치는 마피아의 신화를 미국에 널리 퍼뜨린 장본인이 됐다.

1931년 4월 15일 마세리아가 죽었다. 그로부터 두 달이 지났을 때 루치아노는 모 댈리츠와 함께 클리블랜드에서 카포네의 대리인으로 나온 탬파 출신의 산토 트래피칸테Santo Trafficante와 포악

---

4. Noval Morris · Gordon Hawkins, *The Honest Politicians Guide to Crime Control* (Chicago, 1970), p. 211; Peter Maas, *The Valachi Papers* (New York, 1968), pp. 25-47.

한 두목 마란차노로부터 벗어나고 싶어 안달이 난 몇몇 조직원들을 만났다. 마란차노는 회동의 낌새를 알아차리고 자신을 해하려는 음모를 꾸밀 것으로 의심하고는 루치아노, 코스텔로, 아도니스 그리고 다른 몇몇을 제거 대상으로 꼽았다. 그러나 그전에 네 명의 암살단이 연방 요원을 가장하고 사무실에 들어가 마란차노를 단도로 찌르고 총을 쏘아 죽였다.

그 후 얼마 지나지 않아 이 사건으로 카포네가 재판을 받고 형을 살게 됐음에도 불구하고, 다민족으로 구성된 지하 세계 인사들의 회동을 주도했다. 그들은 순수 이탈리아 혈통으로 마피아 조직을 고수하려 했던 마세리아와 마란차노를 제거했다. 드디어 그들은 맨 처음 애틀랜틱 시티에서 제기됐고 뉴욕 시 최고의 두목인 아놀드 로트슈타인과 조니 토리오가 수년 전부터 지지해온 전국적인 조직 폭력 연합으로 도약하게 됐다.

시카고 회동에 참석한 암흑계 보스들은 다양한 민족적 배경을 지닌 조직들이 서로 점점 더 협조적인 태도를 취하게 됐음을 입증했다. 그들은 마세리아와 마란차노를 제거하는 과정에서 루치아노가 맡은 역할에 박수갈채를 보냈다. 그 다음에는 루치아노가 대부분의 이탈리아인들과 아일랜드인, 유대인, 기독교 앵글로색슨계 백인, 폴란드인, 스칸디나비아인으로 구성된 회의 참석자들에게 조직들이 협박이나 폭력을 줄이면서 거래하면 미래는 더욱 밝을 것이라고 역설했다. 모두 동등해야 했다. 절대적인 보스는 있을 수 없다. 자신의 말을 강조하기 위해 지폐가 가득 든 돈 봉투를 거절했다.

이탈리아인들은 새로 선임된 지도자에게 돈 봉투를 선물하는 관습이 있었다. 카포네는 루치아노가 그렇게까지 전통을 무시할 필요는 없다고 생각했다. 그러나 루치아노는 돈 봉투를 끝까지 거절했다. 이것은 그가 조직원들에게 새로운 체제를 실행에 옮기고 있음을 보여주는 가장 좋은 방법이었다. 여전히 위계 질서가 존재했지만 예전만큼 견고하지는 않았다.

루치아노는 콘실리예consigliere 제도를 추천했다. 콘실리예는 보스의 관심사를 돌보는 조언자이자 옴부즈맨의 역할을 맡는 사람이다. 다시 말해서 조직원 개개인 간의 혹은 "일반 조직원"과 윗선 사이의 문제를 해결함으로써 구성원의 권리를 보호하는 특수 요원인 것이다. 루치아노가 전통적인 부분에 조금이나마 양보한 점이 있다면 새로운 단체를 계속해서 '시칠리아 연합'이라고 부르는 데 동의했다는 정도다. 그는 "기업"이라고 부르고 싶어했다. 몇몇 이탈리아인들은 "라 코사 노스트라"라는 표현을 사용하기도 했다. 다른 구성원들은 "연합" 혹은 "조합"이란 용어를 사용했다.

제2차 세계대전 후에 마피아가 다시 성행했다. 루치아노를 제외하고 랜스키, 댈리츠, 벅시 시겔, 에이브 렐리스, 더치 슐츠 등 다른 많은 주요 인물들은 이탈리아인이 아니었다. 따라서 조직범죄라는 말이 새로운 조직을 가장 잘 설명해주었을 것이다. 그렇지만 조직범죄라는 말은 마피아에 대한 완곡한 표현으로 자주 사용됐다. 따라서 계속해서 이탈리아 출신의 범죄자들이 실제 가담한 불법 행위보다 범죄에 더 많이 연루된 것처럼 여겨졌다.

시카고에서 회동한 여러 폭력 조직들은 독립적인 조직을 한데 모아 전국적인 조직을 건설했다. 폭력 조직 사이의 싸움을 끝내고, 시칠리아 출신만이 조직을 장악할 수 있다는 전통적인 생각을 불식시킨 것이다. 카포네는 자신이 맡은 역할에 만족하지 못했다. 그의 역할이라고 해봐야 대개는 형식적이었기 때문이다. 하지만 기뻐해야 할 이유가 있었다. 카포네가 시카고 쪽에서 두려움과 폭력의 대명사로 각인돼 있었음에도 불구하고, 그도 폭력 조직들 사이에서 다양성을 인정하고 평화로운 공존을 도모하려는 토리오의 가치관을 실천해볼 수 있었기 때문이다.

8장

점점 더 거세지는 반대 세력

Al Capone

카포네는 토리오를 이어 조직을 장악한 지 2년도 채 지나지 않았을 때 1인자가 되려면 큰 대가를 치러야 한다는 것을 알게 됐다. 카포네는 윌리엄 H. 톰슨의 뒤를 봐줬고 톰슨은 3선 시장이 됐다. 알려진 대로 카포네는 톰슨의 선거 자금으로 무려 25만 달러나 지원했으며 그 대가로 자신의 도박장과 술집을 시 당국의 별다른 방해 없이 운영할 수 있었다. 톰슨은 이미 자신은 금주론자가 아니라고 밝힌 바 있었다. 그는 자신이 "대서양 한가운데 있는 것보다도 더 (술에) 젖어 있다"고 공공연하게 얘기하고 다녔다.[1]

하지만 상황은 달라졌다. 톰슨은 내친김에 미 합중국의 대통령이 되고자 했다. 그는 시카고에서 일어나는 모든 불법 행위의 상징적인 인물인 카포네가 자신의 앞길에 걸림돌로 작용할 것이

---

1. Fred D. Paskey, *Al Capone: The Biography of a Self-Made Man* (1930; reprint Freeport, New York, 1971), p. 159에서 인용.

라는 생각을 했다. 카포네의 행적은 유럽에서도 무시무시하게 묘사됐다. 유럽 사람들은 총성이 난무하는 거리의 한가운데로 카포네의 차가 활주하면서 경호원들이 거리를 향해 마구 총을 쏴댄다는 이야기에 놀라움을 금치 못했다. 유럽 사람들에게 시카고는 세계 범죄의 중심지로 여겨졌다. 시카고에서 살인 사건이 발생하기만 하면 경찰은 재빨리 카포네를 물고 늘어졌다. 그런 경찰을 두고 한 번은 카포네가 이런 말을 한 적이 있다. "그들은 시카고 화재 사건만 빼고 모든 걸 나한테 뒤집어씌웠다."[2]

카포네의 명성은 상당히 폭넓게 퍼져나갔다. 경쟁자를 제거해 달라는 청탁을 하기 위해 찾아오는 경우도 있을 정도였다. 그의 아내와 어머니는 이 모든 일들을 견디기 힘들어했다. 그래서 좀더 쾌적한 환경으로 이사했으면 좋겠다는 의견을 제시했다.

카포네는 1927년 12월 초에 로스앤젤레스로 이동했다. 그는 아내와 아들 그리고 두 명의 경호원을 동반하고 알 브라운Al Brown이라는 이름으로 빌트모어 호텔에 투숙했다. 언론은 곧 그 사실을 기사화했고 사람들은 그의 체류를 격렬하게 반대했다. 제임스 E. 데이비스 경찰청장은 그를 '페르소나 논 그라타(기피 인물)'로 규정하고 12시간 안에 떠나줄 것을 명령했다. 카포네는 저항했지만

---

2. 같은 책, p. 352.

소용없었다. 며칠 지나지 않아 카포네와 측근들은 다시 집으로 향해야만 했다. 하지만 시카고 경찰청장인 마이클 휴 역시 카포네를 보는 즉시 체포하라는 명령을 내려놓고 기다리고 있었다.

카포네는 조용히 도시에 잠입했다. 열차를 타고 가다 일리노이주 졸리엣에서 내려 형 랠프와 함께 차를 구해 탔다. 그는 자신의 권리를 위해 끝까지 싸우기로 결심하고 한 기자에게 심경을 털어놓았다.

나는 시카고로 돌아간다…… 나는 그곳에 살 권리가 있다. 그곳에는 내 재산도 있고 가족도 있다. 총으로 내 머리를 날려버리지 않는 한 날 내쫓을 수는 없을 것이다. 나는 잘못한 게 없다. 아무도 내가 잘못을 저질렀다고 말할 수는 없을 거다. 나를 체포하고 수색하고 가둬봐라. 온갖 범죄 행위를 뒤집어씌우고 법정으로 데려가봐라. 내게 뒤집어씌울 죄목이래 봐야 '풍기 문란 행위'에 대한 것일 뿐이고 판사는 그조차 기각할 것이 뻔하다. 왜냐하면 뒷받침할 만한 증거가 아무것도 없기 때문이다…… 나는 오랫동안 희생양이 돼왔다. 언젠가는 막아야 했고 이제 그때가 온 것 같다. 지금 나는 배수진을 친 상태다. 나는 기꺼이 싸울 것이다.[3]

카포네의 말이 옳았다. 휴 청장은 단지 악명 높다는 이유만으로 그를 추방할 수는 없었다. 카포네에게도 법적인 권리가 있었다. 그는 재산을 소유하고 있었고 세금도 꼬박꼬박 냈다. 사실 카포네는 거칠고 무질서하기로 악명 높은 지역에서 사업을 운영했지만 그곳과는 멀리 떨어진 부촌에 평생의 근거지를 마련해두었다. 그는 도박장과 술집과 밀주 업자들을 뒤로하고 백인 동네에서 선량한 이웃으로 살았다. 그의 아내와 어머니 그리고 카포네 가문의 다른 가족 구성원들은 조용한 중산층 동네의 안락한 생활을 즐겼다. 결국 휴 청장은 차선책을 택하기로 했다. 그리고 카포네의 가족에 대한 24시간 감시 체제에 돌입했다.

톰슨에게서 버림받자마자 카포네는 그 어느 때보다도 강력한 위치에 올라설 수 있게 됐다. 톰슨 시장은 자신의 대통령 선거 출마 계획을 아무도 심각하게 받아들이지 않자 다시 조직 폭력배들과 손잡기 시작했다. 카포네는 마음의 여유를 되찾았다. 그렇지만 항상 만일에 대비해야 했다. 이 변화의 바람이 거꾸로 불기 시작해 다시 한 번 그의 입지를 뒤흔들기라도 한다면 어떻게 할 것인가? 그는 안전망이 필요했다. 곤란한 순간에 일보 후퇴해 전열을 가다듬을 수 있는 그런 안전망 말이다.

---

3. John k. Kobler, *Capone: The Life and World of Al Capone* (New York, 1971), pp. 216–217에서 인용.

그는 날씨가 좋은 여러 지역들을 물색했다. 불러주는 곳은 아무데도 없지만 그나마 마이애미가 가장 적절한 곳이라는 판단이 들었다. 플로리다 주 남부는 겨울을 나기에 이상적인 곳이었다. 미 대륙에서 찬란한 태양과 따뜻한 밤이 이보다 더 잘 어우러진 곳은 찾기 힘들었다. 멕시코 만에서 불어오는 온난한 바람은 북쪽의 위협적인 혹한을 막아내기에 충분했고, 마이애미가 열대 기후는 아니지만 그에 버금갈 만했다.

사람들은 이곳에서 느긋해질 수 있었다. 편안한 차림으로 다닐 수도 있고 원한다면 활동적으로 지낼 수도 있었다. 추위나 눈보라와 싸울 필요도 없고 영하의 날씨 때문에 발생하는 자동차 관련 문제들—배터리가 나간다거나 변속기가 움직이지 않는 따위—때문에 조마조마해할 필요도 없었다. 겨울철의 크고 작은 골칫거리들이 사라지게 된 것이다. 같은 조건이라면 화창한 플로리다 남부에서 편안하게 사는 편이 더 나았다.

재력가들은 마이애미 주변 지역을 알고 나서부터 이곳의 기후, 해변, 예술, 극장, 일류 음식점 등을 맘껏 즐기기 시작했다. 재계의 거물들도 개인 소유의 철도 차량을 타고 이곳을 방문했고, 한 번 올 때마다 몇 달씩 휴가를 보내곤 했다. 계절이 지나갈 무렵이면 이들은 가뿐한 마음으로 구릿빛 피부를 뽐내며 다시 북부로 돌아갔다. 주치의가 카포네에게 권고한 것은 바로 이런 게 아닌가 싶었다. 카포네는 그러한 삶을 원했다. 하지만 그 안으로 편입되는 것이 쉽지는 않아 보였다.

사람들은 그가 사회를 타락시키는 성미가 급하고 난폭한 사람이라고 생각했고, 가만 놔두면 멀쩡한 지역을 타락시키고 건전한 경제 사회 발전을 저해할 가능성이 충분한 인물로 보고 있었다. 여성 단체, 교회, 사업가 단체 역시 그를 골칫거리로 여기고 체류를 강력히 반대했다. 하지만 희망은 있었다. 그를 반대하는 사람들 중 일부는 단지 일반 대중을 의식해서 그러는 것이었다. 그들은 적당한 때가 되면 그의 제안을 받아들일 사람들이었다.

카포네는 끈덕지게 밀어붙였다. 그는 알 브라운이라는 이름으로 방갈로를 하나 빌린 뒤 시내를 돌아다니며 훗날 자신이 정착하는 데 도움을 줄 만한 인물들과 안면을 텄다. 특히 전 마이애미 시장의 아들인 파커 헨더슨 주니어Parker Henderson Jr.는 아주 유용한 인물임을 알았다. 그는 카포네의 핵심적인 중개자가 돼 팜아일랜드Palm Island에 있는 집을 구입할 수 있게 해주었을 뿐 아니라 웨스턴 유니언 은행 계좌를 통해 시카고에서 보내는 돈을 또 다른 가명으로 받을 수 있게 해주었다. 또한 '카포네는 마이애미에서 소동을 일으킬 의도가 전혀 없으며 시를 위해서도 이득'이라고 지역주민들을 설득할 만한 영향력 있는 인사들을 소개하기도 했다.

카포네에 대한 거부감은 경제 상황이 나빠지면서 누그러질 수밖에 없었다. 플로리다 주, 그중에서도 특히 마이애미는 부동산 투자 붐이 붕괴되면서 침체기를 겪고 있었다. 카포네가 머물게 된다면 사업상의 이익은 기대해볼 만했다. 그는 엄청난 거부였고 얼마든지 돈을 쓸 용의가 있었다. 그는 합법적인 사업을 운영하고, 로터리 클럽에 가입하고, 골프와 테니스를 즐기는 등 새로운 동네로 이사 간 주민이라면 누구나 할 법한 모든 일들을 얘기하기 시작했다.

그는 지방 정치가들의 비위를 맞추고 그들이 경제적으로 신세를 지도록 만들었다. 정치가들에게 빠져나갈 구멍을 만들어주기 위해 일부러 정치적으로 독립된 구역인 마이애미비치에 정착하는 등 각별히 신경 썼다. 현실적으로 마이애미와 마이애미비치 사이에 별다른 차이점이 있는 건 아니다. 마이애미 본토와 해변은 해안 내부의 수로를 사이에 두고 갈라져 있는데 그 사이에는 다리가 놓여 있어 양쪽을 오가는 데는 아무 문제가 없다. 관광객들은 항상 다리 위를 왔다 갔다 하기 때문에 자신들이 본토에 있는지 해변에 있는지조차 구분하기 힘들다.

플로리다 남부는 그런 곳이다. 물과 다리를 사이에 두고 사람들은 자기도 모르는 사이에 한데 어우러져 살게 된다. 따라서 마이애미의 정치가들은 겉으로는 카포네를 반대하면서도 뒤에서는 카포네로부터 돈을 챙길 수 있었다.

　카포네는 팜아일랜드에 있는 자신의 빌라를 공개해 마이애미 주민들과 북부에서 온 방문객들에게 볼거리를 제공했다. 많은 이들이 전국에서 가장 무서운 인물과 함께 있다는 사실에 확실히 흥미로워하는 듯했다. 그들은 여기저기 어슬렁거리며 돌아다녔고 낚시도 했다. 사람들은 특히 카포네의 거대한 수영장을 좋아했는데 그 지역에서는 처음으로 여과된 물을 사용한 수영장이었다. 방문객들은 모터보트나 유람선과 같은 다양한 수상 기구들을 탈 수도 있었다. 때때로 카포네는 수상 비행기를 전세 내서 손님들을 비미니Bimini처럼 숨어 있는 섬들로 안내하기도 했다.

　카포네는 마이애미에서의 생활을 즐겼다. 날이 저문 후의 밤나들이는 매혹적이었으며 플로리다의 겨울 순회 공연에 나선 최고의 음악가들과 연예인들도 만날 수 있었다. 카포네는 많은 이들을 집으로 불러들여 후하게 대접했다. 거기에는 에디 캔터Eddie Cantor, 조지 제슬George Jessel, 알 졸슨Al Jolson, 조 E. 루이스Joe E. Lewis, 그리고 해리 리치먼Harry Richman과 같은 저명인사들도 포함돼 있었다. 그는 극장과 경기장에도 자주 모습을 드러냈다. 그는 오후가 되면 하이알리아 경마장에서 홍학이 하늘로 날아오르는 낭만적인 광경과 함께 최고의 순종 말들을 볼 수 있다는 사실을 알게 됐다.

마이애미에서의 생활은 카포네에게 정서적으로도 도움이 됐다. 마이애미는 이탈리아의 나폴리와 비슷한 구석이 많았다. 마이애미에서 카포네는 자신의 뿌리를 더 잘 이해할 수 있을 정도였다. 나폴리는 만이 환하게 트여 있었다.

또한 낭만적인 분위기로 유명한 카프리와 이스키아 섬이 보이는 아름다운 정경을 갖췄다. 나폴리와 마이애미는 해안가와 풍부한 햇빛, 유쾌한 분위기, 드나드는 어선들, 원양 어선과 화물선들이 북적거리는 정경 등이 서로 많이 닮아 있었다. 또 두 도시 모두 세계 각지에서 온 관광객들로 붐볐다. 거의 나폴리의 복사판이나 다름없는 마이애미의 풍경은 어머니 무릎을 베고 누워 있던 시절의 추억을 불러일으켰다. 그는 계속 마이애미에 머물고자 했다.

1929년 카포네는 무기 밀반입 혐의로 펜실베이니아 주에서 징역을 선고받았다. 복역을 마치고 나온 다음해 카포네는 무언가 달라진 분위기를 감지할 수 있었다. 플로리다에서는 반 카포네를 외치는 사람들의 영향력이 커졌고 이들은 그의 접대나 우호적인 태도에 넘어가지 않았다. 마이애미의 유력 인사들 역시 카포네를 봐주는 데도 한계가 있다고 보았다. 그들은 카포네가 복역 후 마이애미로 돌아와 그곳을 제2의 시카고로 만들어버릴까 봐 두려웠다. 그래서 그들은 플로리다 주지사인 도일 E. 칼턴

Doyle E. Carlton을 부추겨 과감한 조치를 취하도록 했다. 칼턴은 이에 부응해 모든 보안관들에게 경계 태세를 갖추도록 명하고 카포네가 나타나면 바로 추방해버리라고 지시했다. 하지만 카포네는 마이애미비치의 엄연한 재산 소유권자이자 납세자였다. 법적으로 그곳 주민으로서의 모든 권리를 누릴 수 있었다. 칼턴의 조치는 분명히 법적 권한 밖의 행동이었다. 결국 카포네의 변호사들은 연방 법원으로부터 주지사의 조치에 대한 영구적인 금지 명령을 얻어냈다.

마이애미에서는 도박이 불법이었다. 하지만 많은 사람들이 근처 술집에 들러 한잔 하면서 도박을 즐겼다. 그들은 불법 영업이라 하더라도 폭력을 수반하지 않는다면 별 문제가 없다고 보았다. 그러나 시카고 출신의 이 사내는 반 카포네 세력에게 다르게 보였다. 그들은 카포네가 자신들과 다른 부류의 사람이라고 생각했다. 그들은 카포네를 그저 불법 영업을 하는 사업가 중 한 명으로 보지 않았다. 카포네는 파괴와 살인을 일삼는 외지인이자 이탈리아계 폭력배일 뿐이었다.

마이애미의 상류층은 카포네가 자신들의 도시에 정착하지 못하도록 시 당국을 흔들어댔다. 계속되는 그들의 불평으로 인해 카포네는 수상한 행동, 부랑, 위증 혐의로 네 차례나 체포됐다. 경찰이 내세운 혐의는 한 번도 확실하게 밝혀지지 않았다. 표면

상으로만 봐도 다이아몬드를 과시하듯 걸치고 다녔다는 이유로 카포네를 부랑자라고 할 수는 없었다.

하지만 마이애미 법은 공공의 평화와 안전을 위협하거나 폭력에 가담할 경우에는 아무리 재력가라 할지라도 부랑자로 분류될 수 있다는 주장을 고수하며 사실을 회피하려 했다. 위증 혐의는 카포네가 체포됐을 당시 검찰의 부당한 대우에 대해 비난했기 때문에 더해지게 됐다. 그는 수사관들이 물과 음식도 제공하지 않았고, 가족을 체포하겠다고 협박했고, 변호사를 부르지도 못하게 했고, 자신의 귀중품들을 화장실에 버리려 했다고 주장했다. 카포네의 변호사들은 다시 한 번 승소했다. 카포네는 마이애미에서 형을 살거나 추방을 당할 만한 잘못을 한 적이 없었다. 판사는 불쾌를 조장한다고 해서 근본적으로 죄가 될 수는 없다는 판결을 내렸다. 만일 사람들이 그와 어울리기 싫으면 어울리지 않으면 그만이었다. 많은 이들이 그를 받아들였던 이유가 결국 그의 매력이나 재산 혹은 둘 다 때문이었다는 사실이 입증된 셈이다.[4]

사실 카포네는 마이애미를 접수할 생각이 조금도 없었다. 그

---

4. Laurence Bergreen, Capone: *The Man and the Era* (New York, 1994), p. 662; Kobler, *Capone,* pp. 219-223, 290-293; Robert J. Schoenberg, *Mr. Capone* (New York, 2001), pp. 261-273.

는 긴장과 스트레스의 연속인 시카고의 긴박하고 위험한 생활에서 벗어나 휴식을 취하고 싶었다. 하지만 그것마저도 제대로 누리기 힘들었다. 시카고에서 생활할 때는 사무실과 집이 멀리 떨어져 있었지만 마이애미에서는 그의 빌라가 한꺼번에 두 장소를 대신해야 했다. 그는 자주 시카고로 전화해 조직원들을 빌라로 불러들였으며 팜비치에서 사교 모임을 열었다. 활발한 사회 활동은 확실히 광범위한 지역에 걸친 사업 활동을 제약했고 그가 발을 들여놓지 않았는데 누가 위협을 느낄 리도 없었다. 그를 반대하는 많은 이들은 도박 사업 및 밀주 사업과 연관돼 있었기 때문에 도덕적으로 더 나은 사람들이라고 말하기도 힘들었다. 결국 그에 대한 반대 여론은 혹시 생길지도 모르는 사업적 경쟁에 대한 두려움, 그를 이용해 이름을 알리려는 정치가들의 음모, 계층과 민족에 대한 편견 등에서 비롯됐다고 할 수 있다.

카포네는 금주법을 둘러싸고 벌어진 시카고 갱들의 잔인한 전쟁 속에서도 살아남았고, 시종일관 굳건한 자세로 마이애미 사람들이 던지는 어떠한 비난의 화살도 감당할 준비가 돼 있었다.[5]

5. Kobler, *Capone*, 여러 곳 Pasleys *Capone*, 여러 곳.

알 카포네, 미국 국회 도서관 소장.

조지 "벅스" 모런, 미국 국회 도서관 소장.

개비 하트네트(Gabby Hartnett, 시카고컵스의 스타 플레이어),
1931년 자선 경기에서 알 카포네와 그의 아들에게 사인볼을 선물함,
미국 국회 도서관 소장.

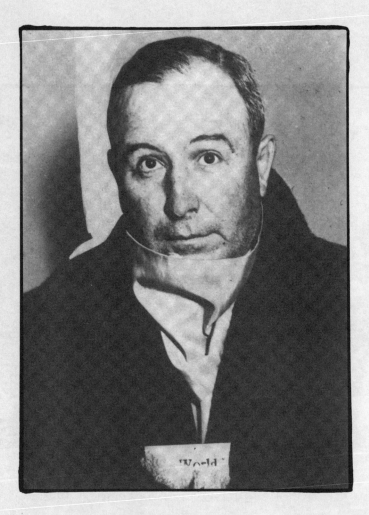

조니 토리오, 1931, 미국 국회 도서관 소장.

루키 루치아노, 1935, 미국 국회 도서관 소장.

프랭크 니티, 1932, 미국 국회 도서관 소장.

1931년 카툰, 미국 국회 도서관

만화 내용; 나는 유죄를 인정합니다. 아니, 나는 무죄를 인정합니다!
법 절차, 법 지연, ······.

알 카포네 1932년, 조지아 주 애틀랜타 연방 교도소로 가는 기차 안에서,
존 빈더(John Binder), 개인 소장.

카포네, 브루클린에서 아일랜드 백수회 폭력단 저격 혐의로
1925년 크리스마스 날에 체포될 당시. 존 빈더, 개인 소장.

1941년 플로리다 마이애미에서 자신의 변호사
에이브 타이텔봄(Abe Teitelbaum)과 함께 한 카포네.
존 빈더, 개인 소장, 1941년.

1929년 2월 14일, 성 발렌타인데이 대학살 직후,
존 빈더, 개인 소장.

9장

지하세계의 인기 슈퍼스타

Al Capone

시카고에서 가장 강력한 폭력 조직을 이끄는 데는 많은 책임이 뒤따랐지만 카포네는 필요하다고 느낄 때마다 재충전의 시간을 가졌다. 항상 한 무리의 경호원들에게 둘러싸인 채 느긋하게 휴식을 취하기도 하고 여러 가지 재밋거리를 찾기도 했다.

운동에 뛰어난 소질이 있지는 않았지만(당구 실력만큼은 예외다) 골프를 좋아했다. 장타를 칠 수 있게 됐을 때 처음에는 엉뚱한 방향으로 공을 날리고 어이없는 퍼팅에 시달렸으며 나인 홀에서 60타를 치기도 버거웠다. 결국에는 18홀에서 치기 시작했지만 제대로 골프를 쳤다고 말하기는 어렵다.

라운딩을 하면서도 주로 폭력 조직의 친구들과 노는 데 열중했다. 그들은 매 홀마다 엄청나게 술을 마셔댔고, 매 타마다 무모하리만치 내기를 걸었고, 만일을 대비해서 장전된 무기로 가득채운 골프 가방을 들고 다녔다.

원래 카포네는 구경거리를 더 좋아하는 사람이었다. 그는 가능한 한 자주 경기장을 찾았고 야구, 권투, 경마, 개 경주에 이르기까지 관전 종목도 다양했다. 시카고컵스의 팬이었던 카포네는 홈경기가 열릴 때마다 박스 석에 앉아 있는 모습이 외부에 노출되는 것을 개의치 않는 정치가들과 함께 경기 관람을 즐겼다. 권투 경기도 굉장히 좋아해서 지방 체육관에서 시합을 앞두고 몸을 푸는 선수들을 몇 시간씩이나 지켜보곤 했다. 이따금씩 친구들과 링 위로 올라가 직접 스파링을 하기도 했다.

카포네는 세계 헤비급 챔피언이었던 잭 뎀시Jack Dempsey와 절친한 친구 사이였다. 서로를 진정으로 존중해주었다. 뎀시는 은퇴한 후, 카포네를 위해 권투 시합 프로모터로 일했다. 그리고 그는 선수더러 일부러 져주라고 말할 정도가 돼서야 그 일을 그만뒀다. '마나사의 주먹'이라고 알려진 뎀시는 후에 마이애미비치로 가서 마이어 랜스키와 함께 뎀시·밴더빌트 호텔을 운영했다.

카포네는 예정된 권투 시합을 논의할 목적으로 기자들을 불러 매주 오찬을 함께했다. 시합이 끝나면 곧장 파티가 이어졌고 정치인들과 유명인사들이 대거 참석했다. 참석자들은 최고급 술과 산해진미를 즐기며 한창 인기있는 재즈 그룹의 연주를 감상하고 최상품 시가를 맛볼 수 있었다. 많은 상류층 인사들이 경기를 관전하러 왔기 때문에 폭력 조직원들에게 있어 권투 경기는 엘리트들과 어울리고 상류 사회로 진입할 수 있는 하나의 방편으로 자리 잡았다. 습관적으로 내기를 일삼았던 카포네는 항상 마음에 드는 지방 선수들에게 돈을 걸었다. 나중에 세 체급(라이트급, 주니어 웰터급, 웰터급) 챔피언이 된 바니 로스Barney Ross가 그중에서 가장 잘 알려진 선수였을 것이다.

카포네의 주간 오찬에 참석한 스포츠 기자들 중에는 신랄한 비평으로 유명한 웨스트브룩 페글러(Westbrook Pegler, 후에 강성 저널리스트로서 명성을 떨침)와 폴 겔리코(Paul Gallico, 단편소설로 주목받게 된 이탈리아계 미국 작가)와 데이먼 러니언Damon Runyon이 있었다. 러니언은 카포네와 매우 가깝게 지냈다. 그는 이 거물급 갱스터와 많은 시간을 함께하면서 자신의 단편 소설에 써먹을 풍부한 자료들을 확실하게 챙길 수 있었다. 그의 소설들은 미 문학사에 전설로 남았고 여러 편이 영화화되기도 했다.

러니언은 조직 폭력배들의 세계를 가까이서 들여다보았고, 그럭저럭 살아가는 데 도움이 필요한 정상적인 세상의 "아가씨와 건달들"에 깊은 관심을 보이는 약점을 가진 한 사람의 개인으로 보았다. 러니언은 조직 폭력배들이 경쟁 세력에게 가하는 무자비한 폭력 행위보다는 약자에게 보이는 연민을 더 열심히 묘사했다.

카포네는 경마, 개 경주, 도박 관련 시설을 소유하고 있었을 뿐아니라 그 자신이 직접 투기하는 데도 열을 올렸다. '십'에서뿐만 아니라 시세로에 있는 '호손 경마장'에서도 수십만 달러가 걸린 내기 도박을 하는 모습을 종종 볼 수 있었다. 전기 작가인 로렌스 버그린에 의하면, 경마장에서는 항상 미리 짜놓은 대로 경주가 진행됐기 때문에 카포네는 언제나 어떤 말이 우승할지 알고 있었다고 한다. 즉 그가 경마에 관한 한 언제나 승자였다는 뜻이다. 하지만 시세로 도박 시설 건립의 합법성에 대한 증언에서도 드러나듯이 카포네는 주사위를 한 번 던질 때마다 몇만 달러씩 손해를 보는 인물이었다고 버그린은 지적한다.[1]

경마의 경우 시합 전에 미리 입을 맞추는 경우가 많았지만, 그중 '짜고 하는 경주'라고 불릴 만한 것은 일부에 불과했다. 시합의 시나리오를 미리 짜놓는 이유는 단순하다. 크게 한 탕을 하기 위해서다. 말하자면 한꺼번에 많은 돈을 따내기 위해서 사전 모의를 하는 것이다. 하지만 그러기 위해서는 상당한 시간이 걸린다. 그 내막을 살펴보자.

경마는 수세기에 걸쳐 스포츠의 왕으로 자리 잡은 경기다. 영국의 식민지 개척자들이 미국에 경마를 들여왔고, 이후 몇몇 대통령들을 비롯해서 미국의 지식인들은 말을 소유하고 시합하기를 즐겼다. 사람들이 소유하는 말의 종류는 마차용 말인 스탠더

---

1. Laurence Bergreen, *Capone: The Man and the Era* (New York, 1994), p. 100.

드브레드(트로터종과 페이서종이 대부분임)와 기수가 이끄는 서러브레드로 나뉘는데 시골길을 달리느냐 지방 혹은 대도시의 경주로를 달리느냐의 차이였다. 경마 사업은 거의 도박이나 다름없었다. 오늘날 중고차를 구입하는 것과 마찬가지로 뭐가 좋은지 나쁜지를 진짜로 알기는 힘들었다. 겉으로 보기에 경주마들은 별 차이가 없어 보였다.

말 소유주와 조련사들은 잠재적인 구매자나 내기를 하려는 사람들에게 말의 상태에 대해 제대로 얘기하기를 꺼려 했다. 그들은 말의 성적, 즉 말의 경기 능력을 숨기고자 했는데 마권 업자나 내기 창구로부터 가능한 최대의 배당금을 챙기려는 속셈이었다. 하지만 그 외에도 다른 변수들이 많이 있었다. 기수들은 좋은 성적을 내기 위해 말 소유주나 조련사의 뜻을 거슬러 행동할 수도 있었다. 또한 말을 돌보는 마부들도 평소와 다르게 행동해 말 상태에 변화를 주는 식으로 사전 모의에 가담할 수 있었다.

결승선 앞에 카메라가 설치되기 이전 시절에는 경주마들의 순위를 결정하는 심판들 역시 고의든 아니든 간에 엉뚱한 말을 승자로 선언할 수도 있었다. 더구나 말은 기계가 아니다. 어떤 날은 상태가 매우 좋다가도 또 바로 다음날에는 부진할 수도 있었다. 아무도 경주가 끝날 때까지 그 결과를 알 수는 없는 법이었다. 그리고 말들은 매우 거세다. 아무리 강하고 실력 있는 기수라 할지라도 달리지 않겠다고 버티는 말을 억지로 달리게 할 수는 없다. 그렇기 때문에 조련사가 기수에게 몇 경기 져줄 것을 요구했다 해도, 말이 의도한 대로 움직여줄지는 의문이었다.

시합 전에 무언가를 조작할 가능성도 매우 많았지만 마찬가지로 계획하지 않았던 일들이 발생하게 되는 경우도 매우 흔했다. 결국 경마에서 확실한 것은 아무것도 없다고 할 수 있다. 따라서 말을 포함해서 경기에 참여한 모든 구성원들이 하나같이 최선을 다해주기만을 바라는 편이 차라리 현명하다고 할 수 있다. 카포네가 항상 어떤 말이 이길지 알고 있기란 불가능하다. 버그린은 카포네가 호손 경마장 내부 정보에 지나치게 의존하는 바람에 승패에 대한 예감이 둔해졌다고 주장했다. 어쩌면 그가 플로리다 주 하이알리아 경마장에서 크게 잃은 이유가 그 때문일 수도 있다. 하지만 사실 카포네에게는 그런 것들이 별문제가 되지 않았다. 그에게는 경마장에 있다는 사실만이 중요했다.

경기장에서 그는 경호원들의 보호를 받는 한편 양옆에 매력적인 미녀들을 대동하고 나타나 자신에게 호의적인 사람들에게 반가운 인사를 건네곤 했다. 이는 몇 년 후 루키 루치아노가 이탈리아로 추방됐을 때 즐겨 찾았던 나폴리 교외의 아그나노 경마장에서도 자주 재현됐던 풍경이다. 경마장에는 매력적인 여인들과 경호원들이 지지자들의 무리와 함께 언제나 등장했다. 카포네와 뉴욕 출신의 오랜 친구 루치아노에게 경마장이라는 공간은 사람들에게 누가 1인자인지 확실하게 각인시켜 주는 공간이자 자기만족을 위한 장치였다.

한편 버그린은 카포네가 내기에서 진 이유가 사람들에게 시세로에서 이루어지는 내기에 속임수가 없다는 것을 보여주기 위해서였다고 지적했다. 카포네는 탈세 혐의로 재판에 회부됐을 때 1926년부터 1929년 사이에 내기 도박, 특히 경마에서 몇십만 달러를 잃었다고 주장했다. 이런 간단한 변명은 대체로 사실이다. 카포네가 고객들을 유인하려는 일련의 복잡한 계획 때문에 수십만 달러를 잃었다기보다는 돈 자체에 별로 신경을 쓰지 않았다고 하는 편이 훨씬 더 설득력 있다. 여러 경우에서 드러나듯 그는 정말 어이없는 도박꾼이자 지독히 서투른 경마광이었다.

카포네는 친구 및 지인들과 함께 포커 게임도 즐겼다. 그 가운데는 마권 업자들, 프로 권투 선수들, 프로모터들, 그리고 그들의 부인들까지 포함됐다. 그의 포커 실력 역시 주사위 한 번 던지고 1만 달러씩 잃는 도박이나 다른 내기를 할 때보다 나았다는 증거는 아무 데도 없다.

카포네는 오페라를 사랑했으며 무한한 기쁨을 안겨주는 레코드 전집을 소장하고 있었다. 특히 주세페 베르디의 작품과 위대한 이탈리아계 테너 엔리코 카루소의 노래를 좋아했다. 그는 미

시건 주 랜싱 근교의 롱 레이크에 위치한 은신처로 레코드판을 가져가서 즐겨 듣곤 했다. 마치 자신이 동료 이탈리아계 미국인들을 대신해 자유와 평등의 수호를 위해 싸우고 있는 전사인 양 노래에 등장하는 영웅들과 자신을 동일시하는 듯 보였다. 또 이 거물은 수영하거나 빈둥거리면서 마을 주민들, 그중에서도 특히 자신을 선하게 만드는 청소년들과 어울리기를 좋아했다. 롱 레이크 주변에는 10센트만 주면 술도 마실 수 있고, 여인들이 기를 쓰고 춤추는 모습도 구경할 수 있는 싸구려 술집이 하나 있었다. 카포네는 항상 쭉 뻗은 금발 미녀를 정부로 두고 휴가철이 되면 찾아가 만나곤 했다. 카포네는 메트로폴 호텔이나 렉싱턴 호텔 또는 어디에서 얼마나 머물든 간에 항상 여자들을 데리고 다녔다. 이는 그의 천성이나 다름없었다.

카포네가 재미를 위해 안 해본 일은 거의 없을 정도다. 극장에 가서 해리 리치먼 쇼를 보는 것도 좋아했고 호화로운 파티를 열고 재즈에 열광하기도 했다. 재즈는 재즈 거장들의 산실이라고도 할 수 있는 뉴올리언스나 캔자스시티 같은 지역을 통해 유입된 새로운 음악이었다. 당시의 재즈 뮤지션들 가운데는 출중한 트럼펫 연주자 루이 암스트롱과 최고의 베이스 연주자 밀트 힌턴 그리고 스스로 재즈의 발명가라고 외친 작곡가 겸 피아니스트 젤리 롤 모턴이 있었다. 그리고 그 유명한 듀크 엘링턴과 루이

암스트롱을 시카고로 데려온 트럼펫 주자 킹 올리버도 있었다. 그들 대부분은 카포네의 술집에서 일했고 그것이 1920년대 재즈 뮤지션들에게는 가장 중요한 수입원이었다. 그들 대부분은 카포네의 명성을 익히 들어서 알고 있었다. 그래서 그의 클럽에서 연주하는 일을 노골적으로 두려워하거나 불편해했다. 하지만 대체로 그가 매우 사교적이고 친절하며 관대한 주최자라고 생각했고 기회를 준 데 고마워했다.

언젠가 한 번은 피아니스트이자 작곡가인 펫츠 월러Fats Waller가 3일 동안이나 계속된 카포네의 생일 파티에 납치돼온 일이 있었다. 카포네가 이 피아니스트의 주머니에 100달러짜리 지폐들을 슬그머니 집어넣기 시작하면서 그의 두려움은 곧 사라졌다고 한다. 월러는 보통 수천 달러를 벌었고 카포네와 좋은 협력 관계를 유지했다. 월러가 피아노 연주를 좋아하는 만큼 카포네도 즐거운 삶을 좋아했다.

카포네의 조직이나 그 조직원 중 누군가가 운영하는 클럽에서 일하는 사람이라면 주인에게 충실해야 했다. 코미디언인 조 E. 루이스는 상당한 대가를 치르고 나서야 이런 사실을 알게 됐다. 그는 "기관총" 잭 맥건의 클럽을 나와 모런 조직과 계약한 적이 있었다. 이를 얘기했다가 억세게 운이 좋아 살아남았다. 맥건은 이 코미디언을 칼로 찌르고 거의 죽이려고 했다. 카포네가 매우 좋아한 클라리넷 연주자 밀튼 "메즈" 메즈로도 필요할 때마다 밀주하는 작업을 도와야 했다. 한 번은 카포네의 동생 매슈가 메즈로 악단의 여가수에게 관심이 있어 한다는 사실이 카포네의 귀에 들어간 적이 있다. 카포네는 메즈에게 당장 그 여가수를 해고하라고 지시했다. 하지만 메즈는 그녀가 훌륭한 가수이기 때문에 그럴 수는 없다고 거절했다. 카포네는 만일 매슈가 클럽 주위를 얼씬거리는 모습이 보이기만 하면 모두를 위해 좋지 않을 것이라고 경고하고 일단은 두고 보았다. 이번에는 메즈로가 그의 말을 알아들었다.[2]

카포네는 연예인들과 친구 이상의 관계를 맺었으며 그들의 공연을 단순히 감상만 하는 데 그치지 않았다. 지킬 박사와 하이드처럼 그는 재즈계에서 약물을 배웠고 시험 삼아 몇 번 해보기도 했지만 틈만 나면 연주자들에게 가정의 소중함을 설교했다. 그는 특히 젊은 친구들에게 충고하기를 종교적인 교육을 받고 부모님과 정기적으로 연락하며 어머니에게 꽃을 보내고 부모에 대한 존경과 사랑을 표현하라고 했다.[3]

그는 연예인들과 누군가 자신을 필요로 한다고 생각되는 사람들의 가족을 걱정해주었다. 그들은 카포네의 좋은 면만 보고자

2. 같은 책, pp. 249-251.
3. 같은 책, pp. 259-260.

했으며 안 좋은 부분은 무시하려 했다. 밀트 힌턴이 대표적인 경우다. 그는 카포네의 고객에게 술을 배달하던 중 자동차 사고를 당해 온몸이 유리 파편으로 뒤덮인 채 병원에 실려 갔다. 베이스 연주를 해야 하는 그의 손가락이 어떻게 될지 모르는 불안한 상태였다. 의사는 손가락을 절단하려고 했다.

하지만 그곳에 힌턴과 함께 있던 카포네는 그럴 수 없다고 했다. 의사는 카포네의 충고를 따라 손가락을 꿰매어 붙이는 데 성공했다. 그로 인해 힌턴은 70년에 가까운 연주 경력을 쌓으며 수없이 많은 밴드와 소규모 그룹에서 베이스 연주를 도맡아 지금까지도 녹음에 가장 많이 참여한 음악인으로 기억될 수 있었다. 힌턴은 2000년 90세의 나이로 세상을 떠날 때까지 자신에게 연주할 기회를 제공해준 일과 치료비를 전부 내준 일과 다시 손가락을 쓸 수 있게 해준 일에 대해 평생 카포네에게 고마워했다. 일반적으로 무자비한 갱스터에게서 찾아볼 수 없는 연민의 정이 카포네에게는 있었다.[4]

---

4. 밀트 힌턴은 1995년 5월 31일, 뉴욕 해밀턴의 해밀턴 칼리지 재즈 기록 보관소에서 몽크 로위Monk Rowe 감독과 비디오 인터뷰를 했다. 힌턴의 인터뷰는 그 보관소에서 200개가 넘는 비디오와 파일로 기록된 것 가운데 하나이다. 로위는 저자에게 2000년 9월 13일에 자신은 많은 부분이 비디오테이프에는 없지만 이 책에서 묘사된 것처럼 카포네와 힌턴 관계를 속속들이 기억한다고 말해주었다.
또한 Bergreen, *Capone: The Man*, pp. 245-248 참조.

재즈 음악인들과의 관계를 통해 카포네는 흑인들과 가까워질 수 있는 계기를 얻었다. 카포네는 흑인들을 능력에 따라 판단했지 피부색으로 판단하지 않았다. 그는 자신의 제국을 건설하는 일에서도 마찬가지의 태도를 취했다. 흑인 혹은 백인 재즈 음악인들 중 일부는 밀주 사업에 재빨리 적용했다. 카포네는 인종과 관계없이 그들을 받아들였으며 흑인 밀주 업자들을 조직화해 경찰의 보호를 받게 해주고 이익을 늘릴 수 있도록 도와주었다. 대신 그들은 오로지 카포네를 통해서만 주류 원액을 구입해야 했다. 카포네는 자신의 시대가 도래하기 몇 해 전부터 흑인들과 원만한 친목 관계를 가졌다.[5]

카포네는 보트 타기도 무척 즐겼다. 올즈모빌의 설립자인 랜섬 E. 올즈가 만든 길이가 40피트나 되는 유선형의 대형 모터보트와 자신이 보유한 요트를 즐겨 자랑했다. 올즈가 만든 보트는 속도가 40노트에 달했고 4개의 침실이 있었으며 주방과 욕실 등 일반 가정의 편의 시설을 웬만큼 갖추고 있었다. 카포네는 낚시를 하거나 드라이브가 하고 싶을 때 이 보트를 이용했다. 그때마다 아들 소니는 좋아서 어쩔 줄 몰라 했다. 또한 손님들을 배에 초대해 파티를 열기도 하고 이따금씩 바하마 제도로 여행을 가

---

5. Bergreen, *Capone: The Man*, p. 248.

서 측근들과 함께 저녁을 먹거나 친구들과 어울렸다.[6]

카포네는 젊었을 때 술을 많이 마셨지만 1923년 어머니와 아내가 시카고로 와서 함께 살게 되면서부터는 조금씩 절제하기 시작했다. 이전에도 언급했듯이 카포네의 사교 생활은 코카인에 중독이 되는 데 결정적인 역할을 했다. 카포네는 자신이 동경해 마지않던 상류 사회의 많은 이들처럼 상습적으로 마약을 복용하게 됐다.

카포네는 여가를 최대한 즐기며 살았고, 존경과 관용으로 사람들을 대하면서 될 수 있는 한 많은 사람들의 호감을 얻기 위해 노력했다. 그리고 그러한 노력은 보답을 받았다. 카포네가 어디를 가든 유명인사로 대우했고, 사람들은 호감을 갖고 악수를 청했다. 충실하게 그의 곁을 지키는 듬직한 친구들도 있었다.

버그린에 의하면 카포네는 사람들로 하여금 "그의 수치스러운 평판을 간과하도록" 할 뿐만 아니라 그가 "폭력이나 성적 타락과는 하등 관계가 없다"고 믿게 만드는 재주를 타고난 인물이었다. 더욱이 카포네는 "권모술수에 능한 정치인들이나 가능할 법한 수법인······ 그러한 '불신의 유보' 상태를 재현"할 수 있었다. 결

---

6. 대형 모터보트의 소유주와 2002년 8월 2일 회견. 이 배는 사우전드 아일랜드에서 현재 개조 중이고 2004년 여름 재출항을 위해 준비 중이다. 이 배의 소유주들은 이름을 밝히지 않기를 원했다.

과는 "대중적인 환각 상태에 가까웠는데…… 왜냐하면 자신과 관련한 끔찍한 이야기들을 새롭게 각색해 진실로 바꿔치기했기 때문이다."[7]

이는 그가 탈세 혐의로 법정에 서게 됐을 무렵까지만 해도 사실이었다. 그러나 그후에는 일반 대중 가운데 카포네의 범죄 행위를 다른 시각으로 좋게 보려 했던 사람들도 그에게서 등을 돌리기 시작했다.

---

7. Bergreen, *Capone: The Man*, p. 260.

10장

재판 1부

Al Capone

가장 엄중한 감시를 받는 감옥의 재소자들조차 대부분은 아마도 자신들이 결백하다고 말할 것이다. 이는 실제로 그들이 전혀 죄가 없다는 것이 아니라 정부가 그들의 죄를 입증할 수 없어서 지나치게 부풀려 선고했다는 뜻이다. 알 카포네의 경우에도 이와 비슷한 시나리오를 가지고 있다. 그가 탈세를 했다는 사실 자체를 부인할 수는 없다. 다만 정부가 카포네를 사회에 위협이 되는 존재로 간주하고 감옥에 넣기 위해 무슨 일이든 가리지 않았다. 심지어는 증인을 협박하는 일까지도 서슴지 않았다.

카포네는 세상에 무시무시한 살인자로 악명을 떨쳤다. 그러나 법정은 그를 살인자로 기소할 수가 없었다. 목격자들은 기억상실증에 걸리거나 행방이 묘연해졌다. 아무도 공개석상에서 증언하려고 하지 않았기 때문이다. 미국 정부는 그가 그렇게 오랜 기간 법망을 벗어날 수 있었다는 사실을 아주 난감해했다. 카포네가 주류 판매를 금지한 금주법을 위반한 점은 확실했으나 그 사실을 증명할 수가 없었다. 심지어 엘리엇 네스Elliot Ness와 언터쳐블(Untouchable, 엘리엇 네스와 그의 부하들로 조직된 특별 수사팀에게 붙여진 별명. 이들은 알 카포네와 폭력 조직들의 그 어떤 뇌물 유혹이나 공갈 협박에도 굴하지 않아서 붙여진 이름이다)조차도 카포네를 연방 감옥에 보내기에 충분한 증거 수집을 못했을 뿐만 아니라 주류 판매조차 막을 수가 없었다. 결국 정부는 카포네를 탈세 혐의로 고소하는 편이 최선책이라는 결론을 내렸다.

'조세 포탈'이란 벌어들인 수입에 따른 납세 의무를 다하지 않은 행위이다. 다시 말하자면 정부가 누군가를 기소하기 위해서는 그 사람이 세금을 낼 수 있을 만큼의 수입이 있다는 것을 입증해야 한다. 1920년대에 그 기준은 5천 달러였다. 오늘날 노동자들은 임금에서 미리 세금을 제하는 원천 징수제를 취하고 있다. 따라서 정부는 노동자들의 수입액과 납세액을 정확히 파악할 수가 있고, 자영 업자들은 수입을 상세히 기록한 정기 보고서를 모아서 보관해야 한다. 하지만 이 금주법 기간에는 원천징수제가 없었다. 카포네는 토리오 밑에서 일하면서 임금을 받는다고 밝혔고, 적당히 과세를 면할 수 있는 얼마간의 수입을 제시했다. 정부는 다른 식으로 증거를 찾아야만 했다.

1927년 이전에 불법적으로 돈을 버는 사람들은 그 전모를 드러낼 마음이 전혀 없었다. 그들은 헌법 수정 제5조 '자기에게 불리한 증언을 거부할 권리'를 이용했다. 그러나 1927년 미 대법원은 설리번 재판에서 불법 수입은 보고해야 하고 과세해야 한다고 판결을 내렸다. 개인의 헌법상의 권리를 침해할 수 있다는 위험성 논쟁은 거론되지도 못했다. 이 판결은 카포네를 비롯한 많은 폭력 조직들의 주요 투자 부문인 주류 밀매와 도박업에 심각한 타격을 입혔고, 얼마 지나지 않아 연방 정부는 암거래에 몸담은 악명 높은 사람들에게 일대 돌풍을 일으킨 과세 관련 법안들을 내놓았다.

그들은 차례대로 조세 포탈 혐의로 기소돼 복역했다. 랠프 카포네, 테리 드러건, 프랭키 레이크, 잭 구직, 프랭크 니티는 기소되거나 벌금형을 받았고 투옥됐다. 그들의 형기는 18개월부터 3년까지였다. 드러건과 레이크를 투옥시키기까지 4년이 걸렸다. 랠프 카포네는 1922년부터 1925년까지 약 7만 달러의 수입에 대해 4천 달러의 세금을 내야 하는 벌금형을 받아들일 수밖에 없었다. 동의서에 합의한 후 그는 주식과 도박업에서의 손실로 인한 자금 부족을 이유로 지불을 거절했다. 하지만 이 판단으로 인해 자유를 잃고 말았다. 그는 가까스로 2년가량을 연방 감옥에서 보냈다.

정부는 소득을 추적할 수 있는 조직원들에게 손쉽게 소송을 제기해갔다. 하지만 알 카포네의 경우는 좀더 정교한 노력을 필요로 했다. 그는 어떤 소득도 밝히지 않았다. 그는 재산을 소유하지도 않았고, 수표나 영수증도 발행하지 않았고, 은행 구좌도 개설하지 않았다. 현금만을 사용했기에 재정 거래를 숨기는 데 탁월했다. 카포네를 소득 관련 혐의로 기소하기 위해서는 합당한 사실적 근거를 확보해야 했다. 연방 정부는 카포네가 제시한 액수보다 더 많은 지출을 하고 있다는 점을 밝혀내야만 했다. 그러고 나서 카포네가 과세 가능한 소득을 벌어들인다는 사실을 배심원들에게 확신시켜야만 했다.

카포네가 재판에 가기까지 흥미로운 일들이 많았다. 시카고 범죄 위원회에 거의 백만 달러를 기부한 부유한 시카고인들로 구성된 시크릿 식스Secret Six와 국세청은 자신들의 힘으로 카포네를 몰락시킬 수 있으리라는 기대를 가지고 정부를 도왔다. 이 모임의 일원인 새뮤얼 인설Samuel Insull은 후에 미국 역사에서 유례가 없는 실리주의자이자 약탈자로 드러났다. 사회학자 E. 딕비 발첼Digby Baltzell은 카포네는 정치인들을 끌어들이고 매수했던 인설에 비해 상대적으로 순수한 인물이라고 보았다. 이 금주법 시대의 연대기 학자 케네스 앨솝Kenneth Allsop을 인용하면서 발첼은 "카포네 같은 사람이 성공하는 윤리적 풍토를 가진 대중 사회의 부산물로, 정직과 청렴을 완벽하게 저버린" 대표적 인물이 바로 인설이라고 주장했다.[1]

이러한 노력들이 결실을 맺기까지에는 많은 시간이 걸렸다. 카포네를 효과적으로 다루지 못하는 지방 정부와 주 정부의 태도에 시민들 사이에서는 혼란이 가중됐고, 허버트 후버Herbert Hoover가 새로운 대통령으로 선출되기도 했다. 대개 연방 정부는 카포네의 살인, 도박, 매춘업의 개입을 조사할 권한은 없었으나, 주류 밀매와 소득세 어음을 처리하는 부분에 약점이 있다는 것을 알고 있었다. 카포네는 차라리 주류 밀매자가 되더라도, 결코 연방 세금 신고서를 정식으로 제출하지는 않았다. 후버는 카포네를 잡기 위해 필요한 조처는 무엇이든 하도록 연방 정부를 독려했다.

사법부의 범위 밖에서 활동하던 엘리엇 네스는 특별한 기술과 정직함을 지닌 대원들을 선발해 그룹을 조직했다. 기대한 대로 그의 대원들은 카포네의 작업을 방해하고, 그 조직 안에 공작원을 투입시켰다. 네스는 이런 노력들을 통해 얻은 대중적 인기를 바탕으로 왕성하게 활동을 넓혀나갔다. 그러나 카포네를 기소하는 데는 성공하지 못했다. 시카고에서 주류가 유통되지 못하도록 하지도 못했고 카포네의 활동을 위축시키지도 못했다.

이후 네스는 이 조직 팀이 수행한 활동들을 한 권의 책으로 묶

---

1. E. Digby Baltzell, *The Protestant Establishment: Aristocracy and Caste in America* (New York, 1964), p. 218.

어 '언터쳐블'이라는 이름으로 출판했다. 텔레비전 시리즈로도 제작된 이 이야기에는 과도한 폭력과 혈투가 등장한다. 사람들은 카포네의 부하들이 기관총을 들고 상점을 습격해 과격하게 술통을 부수어 이 술들이 마치 개울이 흐르듯 시카고의 거리와 하수구들로 흘러가는 장면을 보고 경악을 금치 못했다. 많은 사람들은 그 장면들이 카포네와 마피아 및 기타 범죄 조직에 맞선 네스의 활동을 정확하게 묘사하고 있다고 믿었다.

그렇지만 실제로는 순전히 상상이자 풍자에 불과했다. 반 금주론자를 공격하는 십자군처럼 비친 네스는 그 정직함에도 불구하고 사실은 심각한 알코올중독자였다. 그 알코올중독 때문에 네스의 화려한 활동들이 빛을 잃어갔고, 여러 번의 결혼도 실패하고 말았다. 또한 네스의 측근들은 그가 시카고에서 한 번도 권총을 소지한 적이 없다고 주장했다. 만약 소지했더라도 그 가죽 케이스에서 꺼내지도 않았을 것이라고 말했다. 정확하게 말하자면, 네스가 원래 유혈이 낭자한 사태가 벌어지는 소설을 쓰지는 않았지만, 책을 팔기 위해서라면 과감히 이야기를 바꾸기도 했다. 네스의 다음과 같은 언급은 그의 면모를 잘 보여주고 있다. "자네가 무엇을 하는지는 전혀 중요하지 않아. 문제는 자네가 무엇을 하는 것처럼 보이게 하는가이지."[2]

네스는 짐짓 무언가를 하는 것처럼 자신을 꾸미는 데는 탁월했다. 그의 이야기에 완전히 매료된 대중들은 책을 구매했다.

1927년부터 연방 정부는 카포네가 궁극적으로 세금을 지불하는 데 실패하도록 파산시키려고 했다. 설리번 판례를 계기로 해서 국세청의 집행 부장 엘머 이레이는 후버 대통령이 카포네를 잡으려고 하기 전에 이미 시카고의 몇몇 주류 밀매 업자들을 목표로 삼고 있었다. 1929년 1월 대통령이 이레이에게 카포네를 추적하라는 지시를 내렸다. 그때 이레이는 자신감을 가지고 팀을 조직했고 여기에는 프랭크 윌슨Frank Wilson과 마이클 맬론Michael F. Malone도 가담했다. 윌슨은 드러건과 레이크를 기소했던 장본인이다. 맬론은 스파이로서는 따라올 자가 없었다. 이레이의 팀은 밤낮으로 활동했다. 그들은 "순자산"과 "순지출"에 기초해 소송을 제기하려고 했다.

만약 카포네가 벌어들이는 수입보다 지출이 크다는 것을 입증할 수만 있다면, 카포네의 자산을 넘어서는 돈은 보고가 되지 않은 것이고 따라서 과세 대상이 가능해진다. 1926년부터 1929년까지 음식과 서비스 지출을 파악하려고 주력했다. 그렇게 해서 고정 자산을 셈한 결과, 그들은 16만 5천 달러를 과세 가능한 소득액으로 밝혀낼 수 있었다. 카포네가 몇 년간 1억 달러 이상을

2. Professor Joseph Velikonja; letter to the author, 6 june 2001.

벌어들인 것을 감안한다면 이 금액은 아주 미미했다. 하지만 이제 카포네를 상대로 기소가 가능해졌다는 점이 중요했다.

순자산 소송의 합법성 여부는 여전히 대법원에 의해 결정됐다. 그렇다면 그들이 호텔, 레스토랑, 생각할 수 있는 모든 종류의 상점들, 부동산 사무소, 자동차 거래, 보트 거래상 그리고 그밖의 것들에서 카포네의 자취를 찾으려는 노력은 모두 수포로 돌아가는 것인가? 윌슨과 그 동료들은 카포네가 양조업, 증류업, 도박업, 매춘업 등을 운영하면서 거두어들이는 막대한 수입들을 밝혀줄 강력하고 확고한 정보들을 얻고자 했다.

윌슨은 비밀 요원과 스파이 맬론으로부터 어떤 실마리를 전달받고 있었지만, 정부는 여전히 카포네를 기소할 만큼의 완벽한 증거를 포착하기에는 부족함을 느끼고 있었다. 가장 큰 장벽은 카포네에게 가장 치명적인 증거를 제시해줄 수 있는 사람들이 보복을 두려워해 협조하지 않는다는 점이었다. 또한 단순히 주류 밀매 업자들을 소탕하려는 정부의 움직임에 동조하지 않는 이들도 있었고, 일부는 카포네의 조직원이거나 혹은 카포네를 불리하게 만드는 증언을 하고 싶어하지 않는 사람들도 있었다.

1930년 4월, 카포네는 변호사 로렌스 매팅리Lawrence P. Mattingly를 통해 세금 문제를 깨끗하게 정리하고 싶다는 입장을 윌슨에게 전해왔다. 이들은 적극적으로 해결점을 찾으려 했고 만남을 가졌다. 윌슨은 오늘날 '미란다 경고' 즉 묵비권을 행사할 수 있는 권리를 말하면서 대화를 시작했다. 매팅리는 조목조목 맞받아치며 카포네에게 불리한 진술은 인정하지 않았다. 카포네는 불법행위를 했다는 그 어떤 기록도 남아 있지 않고 1926년 전까지 조니 토리오의 고용인으로 일했다고 말했다. 그는 소득의 진상을 밝히려는 예리한 질문들에 대해서는 답변을 모두 거절했다. 하지만 정의의 바퀴는 이미 구르고 있었다.

매팅리는 카포네의 소득 내역서를 윌슨에게 제출했다. 그는 자신의 진술이 알카포네에게 유리하게 작용하리라 믿었다. 또한 정부 역시 가벼운 처벌을 내릴 만한 소송으로 여길 거라고 기대했다. 내역서에는 1926년부터 1929년까지 카포네의 수입이 26만 6천 달러를 넘지 않았다고 기록돼 있었다.

그러나 매팅리의 예상은 빗나갔다. 이 사건은 양측의 합의로 해결될 수 있는 민사 소송이 아니었다. 그렇게 갔다면 사건들은 명료했을 것이다. 판례는 카포네에게 유리했다. 정부는 그런 종류의 사건들은 기소하기보다는 항상 조정을 했다. 매팅리가 깨닫지 못한 것은 카포네를 형사 소송으로 끌고 가겠다는 정부의 결단이었다. 카포네의 소득 자백은 형사 소송으로 인정만 되면 곧바로 순자산 소송으로 끌고 갈 수 있는 기초가 되는 셈이었다.[3]

1931년 6월 상황은 다급해졌다. 연방 대배심원은 카포네를 22

개 조세 포탈 항목과 이를 기록하지 않은 경범죄로 기소했다. 그리고 일주일 후 카포네는 금주법 위반으로 기소됐다. 하지만 세금 소송에 우선권이 있었다. 카포네의 소득 사실을 입증하지 못하면 정부의 소송은 증거가 없는 추정에 불과한 것이 될 수 있었다. 결국 매팅리의 진술이 소송을 제기하는 데 결정적 역할을 했다. 매팅리는 카포네가 자기 자산을 초과해 생활했다는 점을 증명해 정부에게 실마리를 제공해주었다.

검찰 측에서는 매팅리의 진술이 증거로서 채택될지 확신할 수 없었다. 그래서 변호인단과 소송 교섭에 합의했다. 실질적으로 검찰 측과 변호인단은 어느 선에서 두 측이 받아들일 만한 선고를 조건으로 카포네가 유죄를 인정할지를 교섭했다. 판사 제임스 윌커슨은 6월 30일을 재판일로 결정했다. 다른 소송뿐 아니라 세금 소송에서 '유죄 답변 교섭'은 일반적인 절차였다. 배심원이 배석한 재판 회수를 줄임으로써 범죄자에 대한 처벌을 보장하고, 지나치게 여러 번 진행될 수도 있는 재판 회수를 줄임으로써 법 체계를 실용적으로 만들려는 것이다. 반대하는 사람들은 그 제도가 범죄자들에게 다소 가벼운 처벌을 내리거나 혹은 무고한

---

3. Robert J. Schoenberg, *Mr. Capone* (New York, 2001), pp. 256−260.
   쇤버그는 카포네 재판에 통찰력을 발휘했다. 미국 변호사 협회의 모의 재판은 이후 30년 이상을 선고했다.

사람들이 무서운 재판을 피하기 위해서 죄를 인정하게 만든다는 이유 때문에 반대했다. 이것은 미국 사법 제도의 필수적인 부분으로 남아 있다.

이론적으로 카포네는 30년형과 거의 10만 달러에 가까운 벌금형을 받을 수도 있었다. 그러나 현실적으로 조세 포탈의 과오를 인정하는 사람들 대부분은 18개월형을 받았다. 당시 카포네의 변호사였던 마이크 에이헌Mike Ahearn이 7월 30일까지 재판일을 연기시켜 플로리다에 있던 카포네는 몇몇 합법적 문제들에 전념할 수가 있었다.

1931년 7월 30일은 알 카포네의 종말을 고하는 재판이 시작됐다. 후버 대통령은 카포네가 마침내 법의 심판대에 오르게 된 것에 흐뭇해했다. 반면, 카포네는 '유죄 답변 교섭'을 일종의 승리라고 보았다. 그는 사람들에게 2~3년형 정도를 받게 될 것이라고 희희낙락하면서 말했다. 언론은 사법 제도의 투명성에 의문을 제기했고, 전국에 걸쳐 시민들은 카포네가 판사 윌커슨을 매수했다고 생각했다. 법률가들은 침묵했다. 개정 진술에서부터 윌커슨 판사는 검찰과 변호인 측 사이에 어떤 '유죄 답변 교섭'에 대해서도 영향받지 않겠다고 분명히 했다.

협상은 끝났다. 윌커슨 판사는 카포네가 세금에 관한 '유죄 인정'을 철회하도록 허가해주었으나, 대배심에게 중복을 피하기 위해 금주법 관련 기소를 바꾸도록 압력을 넣었다. 결과적으로 유죄가 입증됐을 경우 훨씬 긴 형량을 받을 수 있도록 했다. 그러나 배심원들은 그렇게 할 만한 증거를 갖고 있지 못했다. 카포네는 '유죄 인정'을 철회했고, 두 번 다시 금주법 관련 소송에는 휘말리지 않았다. 그러나 그는 세금 관련 소송에 대비해야만 했다. 재판은 1931년 10월 6일로 정해졌다.[4]

4. 같은 책, pp. 303—315.

II장

재판 2부

Al Capone

카포네는 이미 공공 행사에 참여할 때마다 환호를 받는 일에 익숙해 있었다. 하지만 그가 조세 포탈 혐의로 소송을 당하자 군중들은 야유하기 시작했다. 이를 나쁜 징조로 봐야 할까? 만약 그렇다면 그는 감옥행을 피하기 위해 아주 쉬운 방법을 택하거나 필요하다면 재판의 결과를 바꾸고자 했을 것이다. 그는 종종 원하는 것을 얻기 위해 사람들을 매수했다. 이번에도 카포네가 징역살이를 하리라고 생각하는 사람은 아무도 없었다. 배심원들을 매수한다면 감옥에 가는 일은 걱정할 필요가 없다. 카포네는 자신의 결백을 보여주려고 배심원들에게 접근하기 시작했다. 에드워드 오헤어Edward O' hare를 떠올려보자.[1]

오헤어는 세인트루이스 출신의 젊은 변호사였다. 그는 그레이하운드 트랙을 따라 쫓아가게 하는 데 사용되는 기계로 작동하

---

1. Robert J. Schoenberg, *Mr. Capone* (New York, 2001), p. 316.

는 로봇 토끼에 대한 특허권을 힘들게 얻게 됐다. 개 경주는 불법이었으므로 트랙을 소유한 사람들은 대부분 폭력 조직 소속이었다. 카포네는 시세로 부근의 '호손 개 경주장'에 일정 몫을 가지고 있었다. 오헤어는 조직 폭력배들과 함께 일하면서 돈을 벌고는 있었지만, 범죄 행위에도 불구하고 그들과 연루되기에는 자기 자신이 너무 훌륭하다고 생각하고 있었다. 오헤어는 조지 레무스George Remus라고 불리는 사람으로부터 수백만 달러에 이르는 주류를 훔친 일로 고소를 당하기도 했다. 오헤어는 간청했고, 결국 레무스가 결정적인 진술을 하지 않음으로써 빠져나갈 수 있었다. 오헤어가 레무스를 매수한 사실이 이후에 밝혀졌다.[2]

개 경주에서 많은 돈을 벌 수 있음을 깨닫고는 오헤어는 세인트루이스 강 건너에서 '메디슨 개 경주장'을 시작했다. 그는 경찰에게 발각되기 전까지 약간의 돈을 벌었고, 로봇 토끼에 대한 권리를 이용해서 '호손 개 경주장'에서 카포네와 파트너가 될 수 있었다. 폭력배들은 그가 플로리다와 매사추세츠 주에서 개 경주를 운영할 수 있도록 해주었다.[3]

그러나 오헤어가 카포네에게 문젯거리가 될 거라고는 미처 깨

---

2. John K. Kobler, *Capone: The Life and World of Al Capone* (New York, 1971), p. 244.

3. 같은 책, p. 245.

닫지 못하고 있었다.

오헤어는 성공한 기업가가 됐다. 그는 경마 사업(스포츠맨 공원), 프로축구(시카고 카디널), 부동산, 보험 회사와 광고 기업과 관련된 다양한 분야의 사업주가 됐다. 그는 사회학자 다니엘 벨의 고전 이론, 즉 "범죄는 기묘한 사회 원동력이다"라는 주장을 뒷받침하는 모범 사례가 됐다.[4]

하지만 더 이상은 원하지 않았다. 그는 자신의 아들 에드워드 헨리 오헤어가 '아나폴리스(해군 사관 학교)'에 들어가기를 바랐다. 그는 아들을 위해 프랭크 윌슨의 스파이가 돼 카포네에 대한 정보를 제공했다. 윌슨은 오헤어가 가장 믿을 만한 소식통이라고 인정했다. 한편 에드워드 헨리 오헤어는 해군 사관 학교에 입학해서 졸업 후, 제2차 세계대전에 일등 조종사로 참전했다가 비행 전투 중에 격추돼 전쟁 영웅이 됐다. 그는 자신의 이름이 새겨진 비행기와 함께 시카고의 기념 묘지에 묻혔다.[5]

카포네가 윌커슨 판사의 배심원단에 등록되기로 예정돼 있는 몇몇 배심원들을 매수하기로 했다는 계획을 검찰에 고발한 사람은 바로 오헤어였다. 윌커슨은 검찰에게 소송을 계속 준비하도

4. Daniel Bell, *"Crime as an American Way of Life,"* Antioch Review, Vol. 13, (summer 1953): p. xiii.

5. Kobler, *Capone*, p. 340.

록 했고, 배심원들의 문제는 자신에게 맡기도록 했다. 그의 해결책은 교활하고도 기발했다. 그는 재판이 시작되는 날 배심원 명부를 다른 판사와 바꾸어버렸다. 그때부터 배심원들은 알 카포네와 그의 부하들의 영향권에서 벗어날 수 있었다. 배심원들은 더 이상 강요받지 않고 자유롭게 투표할 수 있었다.

배심원들은 원래 좀 순박한 데가 있었다. "금주법 찬성론자들"을 대표해서 배심원들은 "금주법 반대론자들"을 달가워하지 않았다. 금주법 찬성론자들의 눈에는 금주법 반대론자들이 미국 도시의 어두운 면을 상징하는 것처럼 보였다. 설상가상으로 금주법 반대론자들은 이탈리아 이민자 2세들로서, 1880년대 이후부터 특히 시카고에서 범죄의 우려가 있는 사람들로 낙인이 찍혀 있었다. 시골 출신 앵글로색슨계 백인 신교도들의 입장에서 보면, 카포네는 시작부터 최소 세 가지 어려운 점에 부딪혔다. 그는 대도시에 거주하는 이탈리아 출신의 가톨릭 신자였다. 배심원에 카포네의 친구들은 거의 없었다. 누군가가 말했듯이 살인과 폭력이 의심되는 사람들은 배심원으로서 참여할 수 없었다. 그래도 넓은 의미에서 보자면, 아마도 금주법 반대 입장을 대표할 수 있는 대도시의 사람들이라면 카포네가 자신을 변호할 수 있도록 더 좋은 기회를 주었을 것이다.[6]

오헤어는 잠복 근무 일을 너무 좋아해서 카포네 외에도 다른 사람의 정보도 제공해주었다. 결국 그의 이중 생활은 카포네에게 발각이 됐고, 더 이상 아들의 영광스러운 날들을 보지 못하게됐다. 1939년 11월, 두 남자가 오헤어의 자동차를 끌고 가서 불질러버렸다.[7]

정부의 기소는 알 카포네가 1924년부터 1929년까지 소득세 환급을 정식으로 신청하지 않았다고 주장하는 국세청 증언으로 시작됐다. 그때 검찰은 '호손 스모크 숍'이라고 알려진 도박 카지노가 카포네의 소유임을 밝혀주는 증언을 제시했다. 그 사업이 엄청나게 성공적이었다는 확실한 증거가 남아 있었다. 경리직원 레슬리 섬웨이Leslie Shumway는 2년 동안의 총수익이 55만 달러에 이른다고 말했다. 카포네가 총 책임자였다고 분명하게 밝힐 수는 없었지만 마치 두목처럼 모든 면을 세심하게 살피고 다녔다고 확신했다. 사실 모든 상황이 카포네에게 불리해졌다.

곧바로 검찰이 카포네를 기소하는 데 결정적인 계기가 되는 매팅리의 편지를 제출했다. 변호인단은 이의를 제기했다. 정부가 세금 체납자에게 민형사 소송을 피해 조정할 수 있는 기회를 제공하고 있다고 주장했다. 카포네의 변호사 앨버트 핑크Albert

6. Schoenberg, *Mr. Capone*, pp. 287–325; Laurence Bergreen, *Capone: The life and World of Al Capone* (New York: 1994), pp. 431–492; Kobler *Capone,* pp. 336–354 모두 카포네의 재판을 자세하게 서술하고 있다.

7. Kobler, *Capone,* p. 340.

Fink는 '유죄 답변 교섭' 중의 진술이 재판 중에 피고인에게 불리하게 사용될 수 없다고 주장했다.[8]

핑크는 올바른 방향으로 가고 있었다. 하지만 이 논점을 효과적으로 물고 늘어지지 못했다. 법정은 '유죄 답변 교섭' 관련 진술이 증거로 사용될 수는 없다고 판결을 내렸다.[9]

오히려 핑크는 계속해서 매팅리가 법을 잘 모르는 무자격자이기 때문에 조정을 위한 제안이 무효가 된다는 점을 밝히려고 시도했다. 그렇게 되면 결과적으로 매팅리의 진술은 증거로서 인정될 수 있게 된다. 윌커슨 판사는 아무 문제 없이 매팅리의 진술을 증거로 채택했다. 편지는 카포네의 소득에 대한 기본적인 윤곽을 보여주었다. 카포네가 수입보다 지출이 많다는 것만 증명하면 아주 강력한 탈세 사건이 되는 셈이다. 무대는 마련됐다. 검찰은 카포네가 얼마나 많은 돈을 벌었는지를 보여주었다.

정부는 여러 해 동안 카포네를 기소하기 위한 증거를 수집했기 때문에 쉽게 자료 제시를 할 수 있었다. 정부는 카포네의 뒤를 추적했고, 그와 거래했던 상인과 사업가들을 인터뷰했다. 목격자들마다 카포네의 사치스러운 생활을 증언했다. 그들은 카포네가 많은 돈을 탕진했다고 말했다. 그는 시카고에 있는 메트로폴

---

8. 같은 책, p. 342.

9. Schoenberg, *Mr. Capone*, pp. 318-319.

호텔과 렉싱턴 호텔에 여러 개의 방을 소유하고 있었고, 함께 스포츠를 즐기는 친구들을 위해 방을 몇 실 더 빌리기도 했다. 플로리다에서 정육점, 제과점, 가구점, 카펫 상점, 양복점과 잡화점 등에서 자주 쇼핑했다. 보통 사람들보다 더 많은 식료품을 소비했고, '팜아일'의 땅을 재단장하고 보존하기 위해 유지비로만 수천 달러를 퍼부었다. 전화요금은 1929년 한 해에만 3천 달러를 사용했다. 또한 교회와 경찰 미망인 및 고아 보호 단체에 매년 7만 달러 이상을 기부했다.[10]

정부가 카포네의 어마어마한 소비 지출을 입증하는 데는 전혀 어려움이 없었다. 하지만 카포네가 직접 개입한 일을 입증하기가 어려웠다. 위에서 살펴보았듯이 섬웨이는 카포네가 호손 스모크 숍*에서 많은 이익을 남겼다고 증언했다. 하지만 그가 소유했다는 확실한 증거는 밝혀내지 못했다. 프레드 리스Fred Ries가 증언자로 나섰다. 그는 카포네의 도박장의 계산원이었다. 카포네가 많은 수익을 낼 수 있는 도박업에 큰 관심을 갖고 있었다고 넌지시 암시했다. 그러나 두 사람의 증언은 강압적인 분위기에서 이루어졌다. 국세청 요원 프랭크 윌슨은 섬웨이를 카포네의 부하들에게 넘겨버리겠다고 위협했다. 카포네의 부하들이 자신

---

10. 같은 책, pp. 319-320.

들의 두목에 대해서 섬웨이가 증언한 사실을 알게 된다면, 섬웨이는 목숨을 부지하기 힘들게 될 판이었다. 윌슨은 리스에게도 똑같은 비슷한 방식으로 겁을 주는 방법을 사용했다. 리스가 벌레를 극도로 무서워한다는 점을 알고 윌슨은 협조할 때까지 리스를 벌레가 들끓는 방 안에 가두어놓았다.[11]

파커 핸더슨은 자신이 웨스턴 유니온 사에서 돈을 가져왔고, 그래서 카포네가 팜아일랜드의 집을 구입해서 개조할 수 있었다고 증언했다.[12]

렉싱턴 호텔에 있는 웨스턴 유니온 사의 매니저, 존 포트르John Fotre는 카포네에게 돈을 붙였지만 송금자가 누구였는지는 기억이 나지 않는다고 말했다. 결국 그는 나중에 법정에서 총을 소지한 죄로 6개월형을 살았던 시칠리아 연합의 회장인 필 단드레아Phil D'Andrea에게 협박당하고 있었다고 주장했다.[13]

피고 측 변호사 에이헌은 소득을 증명하지 못하면서 카포네의 비용 지출을 되풀이해서 열거하는 행위에 이의를 제기했다. 윌커슨 판사는 카포네가 지출한 내용을 증거로 받아들여야 한다고 경고하면서 에이헌의 이의 제기를 기각했다. 사실 윌커슨은 과

11. Bergreen, *Capone: The Man*, p. 396.

12. Schoenberg, *Mr. Capone*, pp. 319-320.

13. 같은 책, p. 327.

세할 수 있는 수입 소득에 대한 증거를 요구하지도 않고, 오히려 모든 내용을 사실로 받아들였다.

피고 측은 준비가 허술했다. '유죄 답변 교섭'에 기댔기 때문에 핑크와 에이헌은 변론을 대비해서 전략을 미처 준비하지 못했다. 피고 측은 변론을 위해 며칠을 더 달라고 신청했으나 겨우 몇 시간만을 얻어낼 수 있었다. 그들은 카포네가 사실상 도박장에서 벌어들인 소득을 모두 마권 업자들에게 잃었다는 사실에 기초해서 소송을 준비했다. 하지만 세부 사항을 입증할 수 없는 소송이었다. 20만 달러가 넘는 재산과 지출을 증명해줄 추가 소득을 설명할 수가 없었다. 게다가 피고 측은 법률적으로도 충분히 상황을 파악하지 못했다. 도박으로 돈을 따야 도박으로 돈을 잃을 수도 있는 법이다. 핑크와 에이헌은 카포네가 상습적으로 도박에서 돈을 잃었다는 점을 강조했다. 사실상 도박에 대한 변론은 헛다리를 짚은 꼴이 됐다.

최종 변론에서 핑크는 카포네가 도박업의 소득은 과세 대상이 되지 않는다고 믿었던 것을 강조했다. 카포네가 그 소득이 과세 대상이라고 알았다면 세금을 내려고 했을 것이고 절대로 정부를 속이려는 의도는 없었다고 주장했다. 에이헌은 정부가 제시한 증거는 단지 카포네가 낭비벽이 심하다는 것만을 보여준다고 덧붙여 말했다. 에이헌은 배심원들에게 카포네가 그를 도덕적으로

비난하는 사람들, 특히 언론에 의해 기소된 것이라고 호소했다.[14]

검찰 측에서는 카포네가 로빈 후드가 아니라고 말하면서 마무리 발언을 시작했다. 그는 자신과 친구들만을 위해서 돈을 썼을 뿐이라고 했다. 특히 마이애미 휴양지에서 휴가를 즐기려고 플로리다로 가는 관광객들에게 구걸하는 노숙자들과 같은 가난하고 배고픈 사람들을 위해 쓰지 않았다고 주장했다.

그때 윌커슨 판사가 배심원들에게 순자산 논쟁을 설명했다. 만일 매팅리가 법적인 권한을 가지고 국세청을 상대로 한 카포네의 변론에서 정보를 수집하고 이용했다고 배심원들이 결론을 내린다면, 매팅리의 편지는 재판에 채택될 수 있다는 점을 윌커슨은 배심원들에게 알려주었다.

배심원들은 8시간 동안 이 문제를 심의했다. 배심원들의 평결은 많은 사람들을 당혹스럽게 했다. 첫 번째 고소건과 대부분의 다른 탈세 혐의에 대해서는 죄가 인정되지 않았다. 그러나 1925년에서 1927년 사이에 세 건의 탈세와 1928년과 1929년의 두 건의 세금 환급을 정식으로 제출하지 않은 것이 문제가 됐다. 카포네의 변호사들은 그 고소건이 카포네가 세금을 회피하는 데 사용한 수단을 자세히 밝히지 않았다는 이유로 선처를 호소했다.[15]

---

14. Kobler, *Capone*, p. 347.
15. 같은 책, p. 349.

1931년 10월 24일, 윌커슨 판사는 카포네에게 징역 11년을 구형했고 법정 비용 3만 달러를 포함해 총 8만 달러의 벌금을 부과했다. 이 내용은 탈세 혐의에 가해진 가장 가혹한 판결이라 할 수 있다. 핑크와 에이헌은 그 결정에 이의를 제기하며 보석 신청을 했다. 하지만 윌커슨은 거부했다. 국세청은 즉시 카포네의 자산에 '담보권'을 설정하고 자산을 동결시켰다.

카포네는 쿡 카운티Cook County 감옥에 수감됐지만 지인들을 이용해서 편안하게 생활할 수 있었다. 교도소장 데이비드 머니페니David Moneypenny는 카포네에게 호의적이었다. 그는 카포네에게 샤워 시설과 전화기가 설치된 독방을 배당해주었다. 카포네는 웨스턴 유니온에 연락을 취할 수 있었다. 정치계 친구들은 카포네를 방문할 수 있는 통행증을 구해 조니 토리오, 잭 구직, 머레이 험프리Murray Humphreys와 다른 조직의 보스들에게 건네주었다. 토리오는 재판에 쓰인 많은 돈을 갚도록 도와주었고, 루키 루치아노와 더취 슐츠Dutch Schultz가 카포네를 방문하도록 주선했다. 카포네는 감옥의 전기 의자에 앉아 전율을 맛보기도 하고, 그를 방문한 뉴욕 사람들과 범죄조직 사업에 대해 논하기도 했다. 카포네는 언젠가 전국적 조직망을 이끌어가기를 바라면서 그들에게 자신과 함께 일할 수 있도록 확신을 주었다. 루치아노는 아무 말도 하지 않았고 슐츠는 별로 동감하지 않았다. 그는 조직의 일원이 아니라 스스로의 힘으로 해나가겠다고 확고하게 밝혔다. 카포네는 토리오가 확실한 자기편이 돼주리라 기대했지만, 그렇지 않았다.[16]

카포네는 도저히 이해할 수가 없었다. 어떻게 살인 행위와 같은 중범죄는 가볍게 넘어가고 (자기 생각에) 탈세와 같은 사소한 일로 투옥될 수가 있을까? 매독이 점점 악화되고 있었다. 카포네는 자신의 영향력이 범죄 세계에서 줄어들고 있다는 사실을 깨닫지 못했다. 그의 세계는 허물어져가기 시작했다. 하지만 여전히 그는 범죄 세계의 나폴레옹인 듯 과대망상적 환상을 지니고 있었다. 1929년 애틀랜틱 시티에서의 모임에서 카포네는 교묘하게 제외됐다. 마침내 2년 후 그는 쇠락해졌고 중범죄 혐의를 받았다. 그때 암흑가의 동지들은 카포네에게 모욕을 주길 원하지 않았다. 대신 카포네를 무시했고 편들어주지 않았다.

쿡 카운티 감옥에서의 좋은 날들은 마침내 빛을 보게 됐다. 미국 정부는 그곳에서의 형 집행 중지를 명령했다. 1931년 12월 머니페니는 카포네를 24시간 감시하에 병동으로 주거를 정했다. 방문객들은 그의 어머니, 아내, 아들, 변호사들로 제한했다.[17]

1932년 2월 17일, 카포네는 항소가 기각됐다는 것을 알았다.

16. 같은 책, pp. 352—353.
17. 같은 책, p. 352.

그는 미국 대법원에 항소했지만 1932년 5월 초 기각당했다. 가족들은 그에게 성대한 이별 파티를 해주었다. 어머니 테레사는 파스타를 비롯해 먹거리를 준비했다. 메이, 소니, 마팔다 그리고 알의 형제들은 함께 식사했고, 한때 천하를 주름 잡던 조직의 보스는 애틀랜타 교도소로 떠날 준비를 하고 있었다.

카포네는 연방 감옥을 피해보려고 여러 가지로 노력해보았다. 마지막까지 일말의 기대를 가지고 납치된 린드버그의 아이를 안전하게 집으로 보낼 수 있도록 최선을 다하겠다고 제안했다. 정부는 이 제안을 거부했고 찰스 린드버그 대령도 마찬가지였다. 카포네는 애틀랜타 교도소가 쿡 카운티 감옥과 다르다는 것을 곧 알아차렸다.

카포네의 재판은 많은 것이 얽혀 있다. 마치 월요일 아침의 쿼터백처럼(늘 뒷북치는 사람처럼), 비평가들은 변호인단이 제기한 문서에서 많은 잘못들을 지적하면서 카포네의 변호사들이 무능력하다고 말했다. 변호인단들은 이런저런 일들을 했어야 했는데 그러지 못했다.

1990년 미국 변호사 협회The American Bar Association, ABA는 모의 재판을 열었다. 1930년대 초기에는 적절하지 않은 재판 기준들을 사용해서 심각한 오류가 발생하기도 했다. 매팅리는 카포네가 '유죄 답변 교섭'에 참여하지 않도록 했어야 했다. 매팅리는 자신의 진술이 카포네에게 불리할 수 있다는 말을 들은 후에 어떠한 진술도 하지 말았어야 했다. 재판을 잘못된 방향으로 끌고 간 핑크는 법정에서 대단히 많은 일을 했다. 에이헌의 파트너 토미 내시Tommy Nash는 법정 변호사들 중 가장 뛰어났지만 적극적으로 재판 과정에 참여하지는 않았다. 오늘날 생각해볼 때 내시가 법정 변론을 이끌고 나가지 않았던 이유를 아무도 설명한 적이 없었다.[18]

능력은 있었지만 핑크는 내시의 기준에 부응하지 못했다. 변호인 측은 가장 유리한 논점을 얼버무렸고, 정부는 사람들에게 그 점을 나서서 해결하라고 부추겼다. 그래서 정부 측은 임의대로 카포네에게 불리한 짓을 했다.

사실 여부는 알 수 없으나 미국 변호사 협회의 모의 재판에 참여했던 배심원들은 카포네가 무죄라고 판결했다. 정부는 카포네의 소득세에 대해 증빙 서류를 제시하지 못했다. 또한 카포네는 정식 서류를 제출해야 한다는 것을 몰랐다. 따라서 고의적으로 탈세를 했다는 주장은 받아들이기 힘들었다. 게다가 섬웨이와 리스는 강요에 의해 증언을 했다. 결국 그 모의 재판의 배심원들은 정부가 카포네를 부당하게 기소했다고 보았다. 어떤 배심원

---

18. Schoenberg, *Mr. Capone*, p. 318.

들은 만약 카포네에 대한 소송이 오늘날 제기됐다면 그 사건에서 배심원들은 과거와 같은 결정을 내리지 못했을 것이라고 말했다.[19]

법적인 시비나 변호인단의 자질에 초점을 맞추어 사건을 평가해봐야 무익하다는 점을 비평가들은 놓치고 있다. 조니 코크레인(Johnny Cochrane, 마이크로소프트 사 측 변호사로 활동한 인물)과 같은 실적을 가진 변호사라도 알 카포네를 석방시킬 수는 없었을 것이다. 그 시대의 다른 사건들과 별도로 이 소송을 접근해서는 안된다. 당시 미국에서 일어나고 있던 일들과 함께 전체적으로 살펴봐야 한다. 카포네는 그동안의 범죄 사실, 나쁜 평판, 민족적 배경, 시대적 흐름 등이 유죄 판결을 받는 데 한몫했다. 핑크가 카포네를 카르타고적 맥락(패자에게 아주 엄한 조약)에서 생각한 것은 옳았다. 그 둘 모두 사라졌어야 했다.

정부 측 소송의 시비를 따지는 일은 부적절했다. 판사와 배심원들은 카포네에게 공정한 재판의 기회를 주려는 의지가 없었다. 그들은 오히려 노골적으로 카포네에게 편견을 가지고 있었고 종종 사람들이 잘 깨닫지 못하는 미묘한 사회적 관습에 더 깊이 물들어 있었다. 모든 사람들은 카포네가 "악당"이라고 알고

---

19. 같은 책, p. 324.

있었다. 벌어들인 소득 가운데 정당한 몫을 넘는 부분에 대해서 정부를 속이려는 의도가 어떻게 없을 수 있는가? 사건의 배경과 이민자를 혐오하는 분위기에 편승해서 사람들은 엄밀하고 명백한 법정의 증거를 검토하기보다는 수많은 억측 가운데 하나를 받아들이게 됐다.

　미국인들은 이탈리아 이민자들을 탐탁지 않게 보기 시작했다. 정부의 연구와 학자들은 이민자들이 폭력적 범죄에 쉽게 노출돼 있고 미국 내의 노동 운동을 탄압하는 파업 방해자로 생각됐다. 조사원들은 이민자들의 주택이 작고 불결하며 수리가 필요하고 주변은 낙후돼 있다고 비판했고, 여성들은 혐오스러운 주부들이었다고 개탄했다. 그들이 너무 침울하게 표현해서 이탈리아계 미국인들의 성실성은 의문스러워졌다. 능력에 따라 충분히 일하지 않는다고 생각됐기 때문에 이탈리아계 미국인들은 사회에 기여하지 않고 오히려 사회로부터 빼앗아가는 사람들로 여겨졌다. 설상가상으로 미국인들은 이탈리아인들이 새로운 환경에 적응해서 시민이 되려고 하지 않고 교육에 무관심하며 급진주의에 놀아나는 점을 지적했다.

　이러한 판단들은 추측에 근거한 것일 뿐 사실과는 거리가 있었다. 비록 이런 꼬리표를 떼어버리려 해도 그런 인식들은 선량한 시민들이라 할 수 있는 사람들의 마음과 머릿속에서 자라나 깊이 간직됐다.

이탈리아계 미국인들의 범죄 행위에 지울 수 없는 오점을 남긴 사건은 바로 1890년 뉴올리언스에서 11명의 이탈리아인들이 저지른 린치 사건과 마피아와 흑수단의 망령이었다. 뉴올리언스의 경찰청장 데이비드 헤네시David C. Henessey를 살해한 혐의로 14명의 이탈리아인들이 기소돼 그중 9명이 재판에 회부됐다. 그중 6명은 석방됐고 나머지 3명에게는 배심원들의 의견 불일치에 의한 미결정 심리가 내려졌다.

이탈리아인들의 범죄 행위를 확신하고 목격자들이 협박당했고 배심원들은 매수당했다는 소문에 자극을 받아 한 무리의 시민들이 11명의 이탈리아인들을 살해하고 말았다. 대배심은 그 행위를 정당화했다. 전국의 언론들은 대체로 그러한 불법 행위를 지지하는 분위기였다. 대표적으로 「뉴욕타임스」에서는 자경단원들이 마피아와 그들이 저지르는 유혈 사태를 막을 수 있는 유일한 조치를 취했을 뿐이라고 주장했다.[20] 헤네시가 내부 조직의 반목이나 뉴올리언스 선창의 통제를 둘러싸고 대립하던 파벌들의 희생자라는 사실은 당시에는 잘 알려진 사실이었는데도 완전히 무시됐다. 당시 시민들은 미국을 접수하려는 마피아들의

---

20. *New York Times,* 15, 16, 17 March 1891.

음흉한 의도에 경계 태세를 취하고 있었다. 이는 미국인들이 자신들의 문제를 외국인들에게 뒤집어씌웠던 한 가지 사례였다. 주기적으로 시민들에게는 미국을 타락시키고 파괴하려는 외부의 악에 대한 위협이 마음속에 떠올랐다. 이러한 두려움이 확산되면서 이탈리아인들은 오랜 세월 존중받지 못했다. 미국인들은 이탈리아인들의 가장 나쁜 점만을 손쉽게 믿어버렸다.

제1차 세계대전이 끝난 후 급진주의는 미국을 달구었고, 많은 이탈리아 이민자들은 급진주의를 신봉했다. 그들 가운데 공장 노동자인 니콜라 사코Nicola Sacco와 생선 행상인 바르톨로메오 반제티Bartolomeo Vanzetti가 있었다. 1920년 5월 5일 그들은 매사추세츠의 사우스 브레인트리에서 직원들의 임금을 강탈하다가 두 명을 살해한 혐의로 체포됐다. 1921년에 기소돼 1927년에 처형됐다. 유죄인지 무죄인지 여전히 논란거리다. 하지만 그들에게 "정의의 심판"이 내려지는 데 편견이 결정적인 작용을 했다는 데는 의심의 여지가 없다.

이탈리아계 미국인들에 대한 편견은 미국이 대대적으로 싸움을 벌였던 급진주의에 대한 두려움 때문에 더욱 심화됐다. 많은 학자들은 사코의 혐의에 대해서는 유죄로 기소될 정도라고 믿었다. 하지만 사실 반제티는 무고하다고 의견의 일치를 보았다. 이 사건이 카포네 재판의 역학 관계를 이해하는 데 중요해진 이유는 모든 유명한 소송 사건이 시카고 폭력 조직의 힘이 커지는 동안에 발생했기 때문이다. 카포네의 재판이 한창 진행되던 무렵, 대부분의 미국인들 마음속에 사코와 반제티의 처형 사실이 생생하게 남아 있었다.

마찬가지로 이탈리아인들의 린치 사건은 뉴올리언스 사건과 함께 시작되거나 끝나지 않았다는 점이 중요하다. 1874년 초, 펜실베이니아의 부에나 비스타에서 이탈리아인들을 상대로 조직적 폭력 사태가 분출됐다. 이런 폭력 사태는 1914년부터 1915년 사이에 10년을 주기로 꾸준히 이어졌다. 린치와 살인으로 일리노이의 빌리스빌과 존슨 시에서 두 명의 이탈리아인의 목숨을 앗아갔다.

이탈리아인들은 "린치를 가할 가능성이 있다"는 달갑지 않은 명성을 모르는 시카고 사람들은 거의 없었다. 이탈리아인들과 이탈리아계 미국인들을 대상으로 폭력 사태가 발생한 이유는 지방이나 주 정부에서 시민들을 적절하게 보호해주지 못하면서 사법 체계에 대한 불신이 나타났기 때문이다. 더욱이 가해자들은 이탈리아인들에게 폭력을 가했다는 이유로 형사 처벌받지는 않았다. 지방이나 주 정부도 이렇게 부당한 취급을 받은 사람들에게 나서서 보상해주려 하지 않았다.

미국과 이탈리아 의원들의 외교적인 노력 이후에야 비로소 이런 분쟁의 해결 기미가 보이기 시작했다. 이탈리아 이주민들은 확실히 미국 시민들이 당연히 누렸던 시민권을 갖지 못한 2등 시민일 수밖에 없다. 이런 교훈들을 이해하고 나면, 미국인들에게는 넓은 의미에서 외국인의 권리를 세심하게 배려하는 마음을 기대할 수가 없다. 이민자들의 아이들, 심지어 그 손자 손녀들까지 외모나 이름 때문에 외국인으로 취급되고 보통은 1등 시민으로 인정받지 못한다. 이런 배경을 생각해본다면, 알 카포네가 미국의 배심원들에게서 무슨 승산이 있었겠는가? 아주 훌륭한 변호인단이라면 핑크와 에이헌이 실패한 소송에서 이길 수 있었을까? 의심스러운 일이다.

카포네는 열등한 집단에 속해 있던 매우 걸출한 범죄자였다. 판사는 그런 점을 알고 있었고, 검찰과 배심원들도 마찬가지였다. 변호인단은 이 소송에서 의뢰인에게 유리하도록 무슨 일이 생기길 요행으로 바라면서 시간을 끌었기 때문에 너무 어리석었다고 일부 평론가들은 말했다. 변호인단은 카포네의 무죄 석방이 다소 무리라는 판단을 내렸다는 설명이 더 그럴듯하다. 그들은 줄곧 최선을 다한다는 시늉만 했을 뿐이었다.[21]

---

21. 린치에 대한 더 자세한 정보는 Luciano J. Iorizzo, *Italian Immigration and the Impact of the Padrone System* (New York, 1980), pp. 212—214 참조.

12장

악마의 섬에 투옥된 보스

Al Capone

카포네가 '쿡 카운티' 감옥에서 지냈던 일은 시카고 법 체계의 어두운 면을 보여주는 것이었다. 카포네를 가두어놓았지만 아무것도 변하지 않았다. 주류 밀매점은 번창했고, 도박업도 계속 성행했다. 공무원들은 정기적인 뇌물을 챙겼다. 조직 폭력배들은 너무 결속력이 강해서 두목 없이도 잘 버틴 것일까? 아니면 그는 단지 명목상의 두목일 뿐이었나?

카포네의 전기 작가 로렌스 버그린은 진짜 거물이 시카고 하이츠의 교외 근처에 살고 있는 프랭키 라 포르트Frankie La Porte라고 말했다. 그는 카포네를 움츠러들게 만들었다. 라 포르트는 모든 일들을 아주 효율적이고 은밀하게 처리했다. 정부 당국자 중 누구도 그를 알지 못했다. 정부는 엉뚱한 사람을 추적했던 것이다. 라 포르트를 체포했더라면 금주법 반대자들과의 싸움은 훨씬 수월했을 것이다.[1]

버그린의 말이 그리 설득력 있는 것 같지는 않다. 라 포르트가 카포네보다 강한 실력자이건 아니건 버그린은 핵심을 놓치고 있다. 중요한 핵심은 어느 한 개인이나 조직이 아니다. 중요한 방해물은 미국 정치계와 떼어놓을 수 없는 부분이었던 '부정부패' 였다. 정치가들과 그들이 통제했던 공권력은 희생자 없는 범죄 행위―법에서 악이라고 규정한 욕망(매춘, 음주, 마약 등)을 채우기 위해 시민들이 자발적으로 범하는 위법 행위들―를 지키게 하면서도 시민들에게는 편의 장치가 마련돼야 한다는 사실을 깨달았다. 도박과 매춘은 그런 점에서 오랫동안 유지돼왔다. 처음 금주법이 등장했을 때 대다수의 미국인들은 법 시행에 반대했다. 술 마시지 않는 사회라는 이상은 실제로 실행 불가능한 생각이었고, 강제로 시행할 수 있는 일이 아니었다.

이미 많은 사람들은 술을 악마의 음료가 아니라 음식처럼 소비하는 것이라는 분위기 속에서 자라온 사람들이었다. 윌리엄 헤일 톰슨 시장은 연단을 마련해서 자신은 대서양보다 더 젖어 있다고 자랑스럽게 말했다. 그는 여러 차례 시장에 당선됐다. 대중과 정치가들이 주류 판매에 동조하는 한, 아무리 주류 밀매 업자들을 구속하고 체포한다고 해도 금주법 위반은 근절되지 않을 것이다. 언제든지 계속 이 사업에 연루될 만한 요인은 생기게 마

---

1. Laurence Bergreen, *Capone: The Man and the Era* (New York, 1994), pp. 406, 499.

런이었다. 체포, 유죄 판결, 감옥형을 무릅 쓸 만큼 이 사업의 대가는 어마어마했다. 즉 대중들이 체제 내의 변화를 요구할 때까지 사업가들, 공무원들, 범죄 조직들 사이의 암거래는 부패한 방식으로 지속될 것이다.

알 카포네에게 영광스러운 날들은 1932년 5월에 끝이 났다. 연방 보안관이 디어본 기차역까지 그를 호송했다. 최종 목적지는 애틀랜타 교도소였다. 네스와 부하들은 알 카포네가 열차에 올라 타기 전까지 혹시라도 극적인 탈출이 벌어지지 않을까 경계하며 바짝 따라 붙었다. 탈출 시도는 현실화되지 않았다. 길가에는 호기심에 찬 군중들이 모여들어 기자들과 법 집행관들로 둘러싸인 빅 펠로의 마지막 모습을 지켜보았다. 다른 죄수의 손에 수갑이 채워지고 군중 속의 많은 사람들이 감옥으로 향하는 자신의 모습에 기뻐하는 것을 알았지만, 카포네는 그나마 많은 지지자들, 가족, 자신을 배웅해주는 친구들에게서 위로를 느꼈다.

기차에 오르는 일 자체가 매우 슬픈 일이다. 카포네는 플로리다로 갈 일이 있을 때면 기차를 통째로 빌리거나 최고급 술과 여자들과 노래와 맛있는 음식들로 가득한 파티를 벌이면서 시끌벅적하게 움직이곤 했다. 연방 보안관이 그의 일거수일투족을 주시하고 있었다. 옆자리 승객들이 그를 좀더 자세히 보려고 멈춰 설 때 그리고 기차가 작은 마을로 서서히 다가오자 악명 높은 범죄자의 모습을 보려고 길을 따라 모여든 군중들에게 카포네가 손을 흔들 때마다 가끔씩 술렁였다.

감옥으로 가는 여정이 모든 라디오 방송을 통해 보도되고 있다는 사실이 그나마 자존심을 세워줬다. 여느 죄수처럼 끌려간다는 모욕감을 완화시켜주었다. 마음속으로 카포네는 자신을 시카고의 은인으로 생각했다. 아무 생각 없이 사람들과 도시를 강탈하고 자신과는 달리, 가난한 사람들이나 집 없는 사람들 그리고 대공황기의 무수한 희생자들에게 아무것도 돌려주지 않았던 화이트칼라 범죄자들보다 스스로가 훨씬 나은 사람이라고 생각했다. 더욱이 권총 강도들과 다르게 무고한 사람들은 절대 해치지 않았다.

1932년 5월 4일 카포네는 애틀랜타에 도착했다. 그는 빠르면 1939년 1월 19일 정도, 늦으면 1948년 5월 3일까지 이곳에 수감되는 판결을 기대하고 있었다. 그는 죄수번호 40886번을 부여받았다. 교도소장 애더홀드A. C. Aderhold는 재소자들을 확실히 관리했고 연방 혹은 주 감옥에서 때때로 일어났던 뇌물 수수나 부정 행위들은 절대로 용인하지 않았다. 카포네는 애틀랜타 감옥에서의 생활이 펜실베이니아나 시카고에서와는 달리 절대로 호락호락하지 않으리라는 것을 깨달았다.

카포네는 애틀랜타에서 면담, 검역, 사진 촬영, 혈액 검사를 포함하는 전신 신체 검사로 짜여진 교화 기간을 거쳤다. 결과가 나오기도 전에 벌써 3기 매독 증상이 드러났다. 교도관들은 그의 이상 행동을 감지했다. 그는 구세주 콤플렉스 증상을 보였다. 시카고 시 정부가 실패했던 역할을 성공시키면 수많은 학대받는 사람들을 구원할 수 있다고 주장했다. 매독은 아주 심각한 병이었다. 설상가상으로 그는 임질 때문에 생길 수 있는 만성 전립선염도 앓고 있었다. 이후 앨커트래즈(Alcatraz, 캘리포니아 주 샌프란시스코에 있는 작은 섬으로 연방 교도소가 있었다)에 있을 때, 의사는 카포네에게서 1920년대 초 코카인 흡입자들에게 나타나는 '비염막 천공' 증상을 발견했다.[2]

술집과 매음굴을 운영하던 카포네는 코카인이 가장 많이 유통되던 중심지에 있었다. 앞에서 말한 건강상의 문제들은 어느 하나만으로도 당사자에게는 육체적으로 상당히 부담이 되는 것이다. 연방 교도소에서 수감자로 힘들게 적응하면서 받은 정신적 충격 때문에 고통은 더욱더 악화됐다.

카포네가 애틀랜타에 들어갔을 때는 겨우 33세였다. 그에게는 힘든 시간들이 시작됐다. 그의 태도는 종잡을 수 없이 요동쳤다. 때때로 그는 모범수로서 사회에 진 빚을 갚아야 한다고 인정했

---

2. 같은 책, p. 116.

다. 자신을 투옥시킨 사람들에게 아무런 원한도 갖고 있지 않았다. 예를 들어 그는 엘리엇 네스를 정직하고 존경할 만한 법조인이라고 생각했다. 감옥 관계자들과 터놓고 이야기했고, 훌륭한 모범수가 되려고 노력했다. 구둣방에서 일하며 구두 수선을 도왔다. 글을 제대로 쓸 수는 없었지만 편지, 신문, 스포츠 잡지를 읽으며 바쁘게 생활했다. 가석방을 고대하면서 의뢰인들을 빨리 출소시키는 데 일가견이 있는 변호사들을 고용했다.

그러나 카포네에게 늘 게임의 규칙에 따라 움직이는 일이 항상 쉽지만은 않았다. 교도소장과 간수들의 도움을 받아 코카인을 몰래 반입하고 있다는 소문이 돌았다. 이 소문들은 사실이 아니었다. 하지만 그 이상한 소문을 믿고 카포네가 교도소장의 총애를 받고 있다고 여긴 감옥 안의 재소자들이 그를 무시하기 시작했다. 그들은 카포네를 비참하게 만들었고 목숨을 위협했고 돈을 뜯어내려고 했다. 이런 일들은 카포네를 끝없이 괴롭혔다. 너무 괴로워서 카포네는 이따금씩 변호사들에게 이러한 불평들을 간절하게 늘어놓았다. 카포네는 내심 변호사들이 무능하며 자신을 감옥에서 빼낼 만큼 최선을 다하지 않는다고 생각했다. 카포네는 어떻게 해야 그런 일들을 잘 감내할 수 있는지 그리고 자신이 얼마나 가망성이 없는지 이해하지 못했다. 그는 현실 감각을 잃고 있었던 것이다. 아무리 변호사들이 노력을 해도, 아무리 전문적 사항들을 밝혀낸다 해도, 그 어떤 판사도 절차상의 문제로 카포네를 석방시킨 현인으로 역사에 길이 남으려 하지 않을 것이다.[3]

매독이 그의 중추 신경 체계를 심하게 침범하면 카포네가 어떤 행동을 할지 예측불허였다. 당시 그는 자신의 행동을 제어할 수 없게 됐다. 모범수가 난폭한 미치광이가 될 수도 있었다.

감옥에서 처음부터 줄곧 카포네를 도와준 사람은 레드 루덴스키Red Rudensky였다. 뉴욕 이스트사이드 아래의 맥스 모텔 프리드먼에서 태어난 루덴스키는 21세에 거물급 범죄자로 자수성가했다. 그는 노상 강도질을 일삼는 풋내기 불량배로 출발해 뉴욕의 엘미라 주 소년원을 제집처럼 드나들곤 했다. 거기서 그는 고참 전문 범죄자들에게 보다 정교한 금고털이와 자물쇠 따기 수법을 배웠다. 그는 미주리, 미시간, 일리노이, 인디애나에서 그 기술들을 사용해 벅스 모런, 퍼플 갱, 알 카포네 그밖의 여러 사람들과 일했다. 범죄 세계에서는 그를 이 분야의 최고로 인정해주었다. 그는 세인트루이스에서 보석털이 실패로 체포될 때까지 수백만 달러 상당의 현금과 물건을 훔친 혐의를 받고 있으며, 미국에서 "가장 영리하고 어리며 잡기 힘든" 범인으로 이름을 날리고 있었

---

3. 같은 책, p. 516.

다.[4] 감옥에서 마음의 변화를 일으킨 루덴스키는 피에 굶주린 재소자 무리들에 맞서 레븐워스(Leavenworth, 미국 캔자스 주 북동부의 도시, 근처에 연방 교도소, 국립묘지, 육군 사령부 등이 있음)의 교도소장 톰 화이트 Tom White의 목숨을 구해주었다. 감옥 안에서 어느 누구도 루덴스키를 만만하게 보지 않았다. 어느 교도소에 있든 가장 비정한 재소자들에게도 존경을 받았다. 루덴스키와 한 방을 쓰게 된 일은 카포네에게는 행운이었다.

카포네보다 아홉 살 어리고 지도력이나 전국적인 위세는 분명히 카포네만 못하지만, 루덴스키는 이제 이 거물의 스승이자 보호자가 됐다. 위에서 언급했듯이 카포네가 자신의 운명을 받아들이는 모습은 다른 재소자들에게 그가 약해졌다고 믿게 만들었다. 재소자들의 괴롭힘은 루덴스키의 노력으로 끝이 났다. 그는 카포네를 괴롭힌 자들에게 맞아주라고 지시했다. 그리고 자기 수하의 재소자들에게 카포네를 경호하라고 정해주었다. 마치 오래전 시카고 시절과 같았다. 한 무리의 루덴스키 일당들이 카포네가 어디를 가든 지켜 서서 보호했다. 카포네와 한 방을 쓰면서 루덴스키는 카포네를 색다른 시각으로 보게 됐다.

미국이 가장 두려워하는 인물이 갖고 있는 가족적인 면을 레

---

4. Robert Jay Nash, *Bloodletters and Badmen: A Narative Encyclopedia of American Criminals from the Pilgrims to the Present* (New York, 1973), pp. 478-481.

드는 보았다. 시도 때도 없이 이 거물이 부인, 어머니, 아들을 얼마나 사랑했는지 끊임없이 들을 수 있었다. 그는 상사병과 향수병을 앓는 병사가 배포된 우편물을 얻으려고 다투듯이 카포네도 집에서 오는 편지를 학수고대하는 모습을 목격했다. 루덴스키는 카포네가 종교적인 사람이자 사랑이 넘치는 아버지이자 자신을 감옥으로 보낸 사람들에게 나쁜 감정을 품지 않았던 소박한 사람임을 간파했다. 빅 펠로에게 뭔가 매우 정상적이지 않은 일이 벌어지고 있다는 것도 알게 됐다. 카포네는 가끔 발작을 일으킬 때마다 자기를 꺼내기 위해 거의 아무 일도 하지 않고 있는 변호사들에게 막무가내로 고함을 쳤다. 루덴스키는 그의 행동이 신체적인, 정신적인 문제에서 기인한다는 사실을 알 길이 없었다.

카포네와 루덴스키는 서로에게 도움이 됐다. 뉴욕 시에서 범죄자로서 자라났다는 공통의 배경을 가진 두 사람은 서로를 이해하고 신뢰했다. 함께 라디오 쇼를 듣거나 잡지나 신문을 보고 상호 관심사를 토론하면서 마치 대학 기숙사의 룸메이트처럼 어떻게 장래를 설계할 것인지 함께 이야기했다. 루덴스키의 꿈은 실현됐으나 카포네의 꿈은 악몽이 되고 말았다.

1934년 8월 19일 모든 일이 터졌다. 사전 통보 없이 비밀리에 전시 기동 연습을 빙자해 43명의 재소자들을 무장된 기차에 태워 애틀랜타로 보냈다. 안전상의 이유로 재소자들의 손과 발에 수갑이 채워졌다. 그들 가운데 카포네도 섞여 있었다. 이들의 목적지는 미국에서 가장 악명 높고 전혀 개선의 여지가 없는 죄수들을 가두기 위해 지어진 앨커트래즈 감옥이었다. '록the Rock' 혹은 '샘 아저씨의 악마 섬'이란 이 감옥의 별명 때문에 이곳에서 형기를 보내도록 예정된 사람들은 몹시 겁을 먹게 돼 있었다.

샌프란시스코의 아름다운 해변가에 자리한 앨커트래즈는 사다새들이 그 섬에 둥지를 튼 이후 1775년에 스페인 탐험가들이 이름을 붙인 곳이다. 사람이 살지 않아 대부분이 버려진 땅이었다.

1847년, 미군이 개발을 시작해서 서쪽의 요지들을 방어하기 위한 요새로 삼았다. 중무장을 한 상태로 신무기들이 나올 때까지 이곳은 나름대로의 역할을 담당했다. 섬을 감도는 차가운 물과 변덕스럽게 바뀌는 조류로 인한 천연의 고립된 환경 때문에 이곳은 남북전쟁 포로들을 가둬두는 감옥으로 이상적인 입지를 가지고 있었다. 1898년, 미국과 스페인 사이의 전쟁 중에도 같은 목적으로 이용됐다. 그후에는 1906년에 샌프란시스코를 뒤흔든 엄청난 대지진 동안에도 민간 죄수들을 가두어두었다.

처음부터 정부가 열악한 환경을 다소 개선시키려고 했지만, 앨커트래즈는 끔찍한 군사 감옥으로 악명이 높았다. 1934년에 높은 관리 비용을 감당하지 못한 군은 이 지역을 포기하고 법무부에 양도했다. 법무부는 즉시 이곳을 개조해서 가장 다루기 어려운 재소자들 300명가량을 가두어둘 감옥으로 만들었다.

연방 교정국은 앨커트래즈의 초대 교도소장으로 제임스 존스턴James A. Johnston을 임명했다. 교정, 교육, 재소자 노동에 관심을 가진 노련한 교도소 관리학자인 존스턴의 방침은 엄격한 규율, 엄정함, 가혹한 처벌이 특징이었다. 법원은 죄수들에게 '록'으로 가라고 선고를 직접 내리지 않았지만 죄수들은 다른 연방 감옥으로부터 보내졌다.

어떤 죄수도 특별 관리를 받으려 하지 않았고, 모두가 최소한의 권리라도 가지려 했다. 방문객은 교도소장의 승인하에 월 1회만 허용됐다. 라디오, 신문, 승인받지 않은 책자는 허용되지 않았고 오가는 편지는 모두 검열을 받았다. 모든 죄수들은 권리가 아니라 의무으로서 노동하도록 정해져 있었고, 독방에 수감돼 효율적으로 격리됐다. 이 모두가 아주 엄격한 생활 조건이었다.

하지만 그중에서도 가장 가혹한 것은 초기에 부과됐던 침묵의 규칙이었다. 어떤 식으로든 사회 활동을 할 수 없는 조건 속에서 가장 강했던 죄수들조차 점점 쇠약해져갔다. 마치 이런 식으로 부과된 제한들이 충분치 않다는 듯, 이 장소 자체도 정신적 고문을 가했다. 죄수들은 유람선, 고기잡이배, 원양 여객선, 자동차, 비행기 등이 움직이는 소리가 들릴 만한 곳에 있었다. 이런 것들이 물 위를 지나가거나 다리를 건너가거나 머리 위로 날아갈 때도 눈으로 볼 수 있었다. 샌프란시스코나 오클랜드로는 차나 차량이 끊임없이 왕래했고, 항구 지역 여기저기에는 수많은 지역 사회들이 있었다. 재소자들을 더욱 우울하게 만든 것은 매일 자신들 주변에서 엄청난 활력을 느끼면서도 그 일원이 될 수 없는 현실이었다. 그들은 미디어를 접할 수가 없어서 무슨 일이 벌어지는지 알 수 없었다.

이 악마의 섬에 적합한 기준은 가장 문제를 많이 일으키고 무수히 탈출을 시도할 것 같은 죄수들이다. 카포네는 어떤 기준에도 들어맞지 않았다. 하지만 그는 건강이 안 좋아 자주 발작을 일으켰기때문에 수감되기에 적합한 죄수로 분류될 수 있었다. 하지만 또다른 고려가 있었던 듯하다. 특별 대우를 받을 가능성이 많은 콧대 높은 죄수들이 앨커트래즈의 일차 후보자들이었다. 여러 시설의 교도소장들은 카포네와 같은 사람들을 직접 처리할 수도 있었다. 이런 사람들은 실제로 우대를 받고 있지 않더라도, 미디어에 자신들의 상태를 추측하게 하는 핑곗거리를 줄 수도 있다. 이렇게 되면 자신이 관할하는 기관에 과도하고 불필요한 관심이 쏠리게 된다. 이럴 바에야 이런 죄수들을 앨커트래즈로 보내 대중적인 관심을 차단하는 편이 더 낳았다.

이렇게 해서 카포네는 앨커트래즈 감옥에 수감되는 최초의 재소자가 됐다. 온 나라에 스카페이스의 계속되는 무용담을 전하려는 희망을 가지고 카포네를 따라갔던 기자들은 앨커트래즈 앞바다에서 200야드 이내로 접근할 수 없었다. 카포네는 납치범, 은행 강도, 살인자들과 함께 그곳에 도착했고, 모두 똑같은 취급을 받았다. 악명이 높다고 해서 특별히 알아봐주지도 않았다. 카포네는 교도소장에게 호의적인 악수를 청했지만 그 자리에서 무시당했다. 존스턴은 무덤덤하게 카포네가 록에서 머물 곳을 말해주었다. 그는 수감번호 85번으로 통했다. 일과는 절대로 바뀌지 않았다.

죄수들은 6시 30분 기상해서 점호를 했다. 6시 55분 2열 종대로 늘어서서 아침을 먹었다. 존스턴은 재소자들을 충분히 먹여야 일할 힘을 얻는다고 믿었다. 7시 15분에 일을 배정받기 위해 줄을 선다. 카포네는 대개 세탁일을 하거나 도서실에서 감방으로 책을 가져오거나 반납하고, 바닥에 걸레질을 했다. 제2차 세계대전 이전 미국의 이탈리아인에 대한 편견과 반감과 거물급 인사에 대한 무관심의 표시로, 카포네는 '이탈리아 마피아놈'으로 알려지게 됐다.[5]

한참 전성기 때 시카고의 아일랜드 폭력 조직들이 동조했다면

---

5. Bergreen, *Capone: The Man*, p. 541. 앨커트래즈에 관한 풍부한 정보와 역사는 www.alcatrazhistory.com, August 15, 2002 참조.

미국의 대통령이 됐을 수도 있는 사람에게 이 별명은 극심한 모멸감을 안겨주었다.[6]

한 사람이 세 명의 죄수를 담당하는 교도관들은 죄수들을 엄격히 통제할 수 있었다. 하루 종일 밥을 먹고 줄을 맞추어 걸어가거나 노동을 하고 점호를 하기 위해 서 있는 동안에도 이런 감시 활동은 끊임없이 반복됐다. 때때로 가족들의 면회는 허락됐지만 부부 면회는 생각도 할 수 없는 일이었다. 사실 작은 구멍이 뚫려 있는 칸막이가 재소자와 면회자 사이를 가로막고 있어서 신체적인 접촉은 전혀 불가능했다. 앨커트래즈를 감싸고 있던 쥐죽은 듯한 침묵의 분위기가 슬슬 배어 나와서 이야기 소리가 방 안의 모든 사람들에게 들렸기 때문에 사적인 대화는 거의 불가능했다. 알이나 부인 메이, 어린 아들 소니 중에서 누가 이 달콤하고도 씁쓸한 방문을 좀더 기뻐했는지 알 수 없지만, 가족들은 이런 남편과 아버지의 모습을 보려고 3천 마일이나 되는 먼 길을 달려와야 했다.

죄수들이 밴드를 결성하면서 이런 단조로운 일상을 깨뜨릴 수 있었다. 술집에서 항상 음악을 가까이 했고 오페라의 오랜 팬이었던 카포네와 B구역 동료들은 존스턴에게 죄수의 밴드를 허락

---

6. 같은 책, p. 515.

해달라고 집요하게 졸라댔다. 1년이 지나고 나서 존스턴은 마침내 허락했지만 공허한 승리에 불과했다. 밴드는 하루에 20분 정도만 연습할 수 있어서 한 세션이 끝나기 전까지 조율을 하고 준비하는 데만도 시간이 모자랐다.

전엔 한 번도 악기를 다루어보지 않았던 카포네는 밴조(5현의 현악기)라는 악기를 선택해서 악보와 연주법에 적응하기 시작했다. 나중에 카포네는 만돌린으로 바꿨다. 이탈리아 이주민들은 이 악기로 나폴리 연가를 연주했다. 얼마 후, 카포네는 몇 가지 간단한 곡조를 연주하며 노래할 수 있게 됐다. 짧은 라이브 연습 공연인 셈이었다. 자기 식대로만 일을 처리해왔던 고집스런 사람들에게 이 부분에서는 소리를 내고 저 부분에서는 소리를 내지 말고, 음악이 요구하는 대로 부드럽게 혹은 크게 연주해달라는 것은 너무 무리한 부탁이었다. 카포네는 결국 혼자서 연주하고 노래하는 것으로 만족해야만 했다.[7]

존스턴에게 아무런 특별 대우도 받을 수 없었던 카포네는 앨커트래즈에서 4년 반을 견뎌야 했다. 자신을 보호해주던 루덴스키도 없이 카포네는 자기 힘으로 살아남아야 했다. 1935년 말에는 동료 밴드 멤버가 색소폰으로 알을 세게 내리치는 사건이 발

---

7. 같은 책, p. 549.

생했다. 카포네가 그 동료에게 너무 크게 색소폰을 불었다고 불평했기 때문이다. 두 사람은 주먹다짐을 했고 이 사건으로 일주일 동안 격리 수감됐다.

1936년 1월에는 재소자들이 동료 가운데 한 사람이었던 잭 알렌Jack Allen의 죽음에 항의하는 데모를 일으켰다. 알렌은 위통을 호소했지만 너무 늦도록 교도관들은 이를 무시했다. 카포네는 심각한 딜레마에 직면했다. 이 데모에 동참한다면 주동자로 몰리게 될 위험 소지가 있었다. 데모에 참여하지 않는다면(그는 그렇게 했다) 죄수들로부터 괴롭힘을 당해야 했다. 그의 입장을 이해하거나 배려하지도 않고 죄수들은 카포네에게 돈을 빼앗거나 수감 생활을 힘들게 했다. 그들 가운데 흉악한 몇 명이 카포네를 죽이려고 작심을 했다. 그들은 가위를 들고 카포네를 쫓아갔고, 심한 부상을 입은 카포네는 감옥 내의 병원으로 도망쳤다. 카포네는 목숨을 건졌고, 며칠 치료를 받은 후 퇴원했다. 방송 매체들이 카포네가 겪고 있던 호된 시련에 관심을 돌리기 시작했다. 앨커트래즈의 무시무시한 통제 방식이 대중 매체에서 부각됐고, 더 많은 사람들은 그 처벌 중심의 기관이 죄수들을 교화시키기보다는 미치광이로 만들고 있다고 생각하기 시작했다.

카포네는 자신의 운명을 받아들이고 그 체제에 복수하고자 하는 의지가 없었던 반면, 대부분의 재소자들에게는 사정이 달랐다. 이들의 강한 본성은 자신들이 당한 많은 일들이 잔인하고 비상식적인 처벌로 보이기 시작하면서 더욱더 나빠졌다.[8]

1938년 2월 초, 카포네는 아침식사를 하러 가던 중 방향 감각을 잃고 쓰러졌다. 그는 자신이 어디에 있는지 무엇을 하는지도 의식하지 못했다. 카포네는 격렬한 통증을 느꼈다. 감옥 내 병원으로 급히 달려간 카포네는 이번이야말로 단순한 구토가 아님을 직감했다. 점잖은 사회에서 '매독'이란 말은 아직 통용되지 않았으므로 교도소 의사는 카포네의 증상을 완곡하게 "부전不全 마비"라고 밝혔다. 애틀랜타에서 진단을 받은 후, 카포네는 세 차례의 치료를 받으며 이 병과 싸웠다.[9]

보도 자료를 통해 카포네가 감시를 받으며 병원에 입원해 있고, 정확한 진단은 아직 내려지지 않았다고 전 세계로 알려졌다. 부인 메이는 정신을 잃었다. 메이 카포네는 존스턴에게 보낸 공식 서한을 통해서 남편이 앨커트래즈에 머물고 있으며 적절한 응급 처치를 받고 있다는 성의 없는 답변을 받아냈다. 더 상세한 신체 검사를 받은 결과 카포네는 1920년대부터 줄곧 사용한 코카인으로 인한 횡격막(흉강과 복강을 나누는 근육성의 막. 가로막이라고도 하고 포유류에게만 있음) 손상이 밝혀졌다. 의사들은 카포네가 계속해서

---

8. 같은 책, pp. 549-552.
9. 같은 책, pp. 559-580.

하나님이나 천사와 대화를 나누었다고 하고 미국의 대공황을 해결할 수 있는 막연하고도 허황된 계획을 털어놓았다고 했다. 카포네는 뼈, 근육, 신경 조직의 장애가 생기는 전형적인 매독 증상을 보이기 시작했다. 예후는 좋지 않았다. 수년간의 방탕 생활은 39세의 젊은이를 늙고 병든 노인으로 바꾸어놓았다. 그의 병이 단기적으로 치명적이지는 않았지만 정신 상태를 흐려놓았다. 그는 더 이상 환상과 현실을 구분하지 못했다.

사실상 카포네는 스스로 온전한 기능을 할 수 없게 됐다.[10] 병원 신세를 진 채 여전히 수감 생활을 했던 카포네는 사람들 사이로 돌아갈 수 없었다. 즉 식당, 오락장, 도서실, 작업장, 혹은 감방에 있지 않을 때 자유롭게 갈 수 있던 그 어느 곳이든 더 이상 동료 재소자들과 어울릴 수 없게 됐다.

카포네를 불공평하게 대했던 사실이 비난을 받을까 두려워서 존스턴은 그를 다른 기관으로 보내려고 하지 않았다. 건강이 쇠약해진 이후로, 카포네는 정신적으로 불안정한 사람으로 분류돼 철창에 갇혀 있었다. 아픈 건 사실이었지만 그는 난폭하지도 위험하지도 않았다. 하지만 교도소 병원에는 주변 사람들에게 위협이 될 만한 정도에 따라서 정신병자를 구분하는 규정이 없었

---

10. 같은 책, p. 558.

다. 그냥 병원에 넣어두는 편이 카포네를 치료하고 통제하기에 적절한 방법이었을 것이다. 하지만 이곳은 앨커트래즈였다. 문제를 처리하는 데는 단 하나의 방식, 즉 강경한 방식뿐이었다. 카포네가 다른 "정신병자"와 배설물을 던지며 싸움을 벌이자(이런 일은 이들을 분리해주는 단단한 벽으로 된 감방에서는 일어나지 않지만 철창 안에서는 가능했다), 교도소장은 뭔가 조치를 취해야 한다고 생각했다.

1939년 1월 6일, 존스턴은 카포네를 철창에서 나오게 해[11] 캘리포니아의 터미널 아일랜드에 있는 연방 교정 기관에서 남은 형기를 보내도록 했다. 1년이 남았다. 월커슨 판사는 카포네의 마지막 형기를 쿡 카운티에서 보내도록 했다. 연방 공무원들이 그를 설득해서 캘리포니아 지역으로 보내는 데 동의했다. 카포네는 그곳에서 11월까지 머물렀다. 정부는 그를 루이스버그 연방 교도소로 보냈고 11월 16일에 집행 유예(1942년 5월 3일이 만기)로 풀려났다.

부인 메이와 아들 소니가 보았던 카포네는 가족을 떠났던 1931년의 모습하고는 완전히 딴판이었다. 다소 야위기는 했지만 우아했던 옷차림은 사라졌다. 진주색 중절모도 실크셔츠도 없었

---

11. 같은 책, pp. 563-564.

다. 오랫동안 힘든 복역을 마치고 석방된 죄수 모습 그 자체였다. 아무리 좋은 표정을 지어보려고 해도 사리에 맞지 않은 말을 더듬거렸고 발을 질질 끌며 걸었다. 그리고 지난 8년 동안 자신에게 무슨 일이 일어났는지 정확하게 알 수 없는 기억 속에서 앞날에 대한 희망이 없는 지쳐버린 남자의 슬픈 모습을 보게 된다. 카포네는 정신이 맑을 때면 암거래가 아닌 합법적 사업에서 큰 성과를 올릴 수 있다는 이야기를 하기도 했다. 그와 아내를 비롯한 나머지 가족들은 메릴랜드의 볼티모어에 있는 존스 홉킨스 병원의 치료에 일말의 기대를 걸었다.

감옥에 있는 동안 의사들은 카포네의 매독을 치료한 적이 있었다. 하지만 병이 너무 진전돼 있었고 언제 발견되더라도 성병에 맞는 적절한 치료법이 없었기에 손을 쓸 수가 없었다. 매독 치료에 가장 권위 있는 의사는 제이 얼 무어J. Earle Moore였다. 아주 가끔씩 정신이 들 때면 카포네는 자신이 도움을 필요로 한다는 것을 알 만큼 판단력을 회복하기도 했다. 그는 무어 박사에게 치료를 받는 데 동의했다.

존스 홉킨스의 무어 박사는 곤란한 처지가 됐다. 이 지역의 의료계는 전반적으로 알 카포네를 치료하는 데 전혀 관심이 없었다. 그들은 알 카포네를 시간과 정열을 쏟을 만한 가치가 없는 인물로 생각했기 때문이다. 무어는 의료진의 지원을 받아 카포네를 유니온 기념 병원으로 옮겼고 거기에서는 맹렬한 반대를 피할 수 있었다. 무어 박사는 고열이 잠재적으로 치명적인 질병을 옮기는 나선 모양의 미생물인 마비성 파상균을 박멸한다는 이론에 따라, 카포네에게 말라리아 치료법을 시행했다. 실제로 고열은 예상했던 역할을 했다. 이 치료법은 중앙 신경 체계를 손상시키는 더 이상의 악화를 막고 현상을 유지하는 데 효과적이었다. 하지만 오늘날 녹내장으로 고통받는 환자처럼 의사들은 더 이상의 시력 손실을 막을 수 있을 뿐, 손상된 부분을 회복시킬 수는 없었다. 카포네의 병은 이미 상당히 진행돼 있었다. 아무리 치료를 해도 원상태로 되돌릴 수는 없다. 카포네는 계속해서 넉 달 동안 치료를 받았다. 건강이 어느 정도 회복되자 1940년 3월 22일 플로리다의 집으로 돌아왔다.[12]

---

12. 같은 책, p. 581.

13장

석방 후 마지막 나날들

Al Capone

카포네는 마지막 8년을 팜아일의 별장에서 가족들과 함께 보냈다. 아들, 아내, 아내의 여동생 뮤리엘과 그녀의 남편 루이스 클라크Louis Clark가 그들이었다. 두 명의 가정부가 출퇴근을 하며 요리, 청소, 기타 허드렛일을 했다. 아내의 오빠 데니스 커플린 Dennis Coughlin과 그의 아내 위니프레드Winifred도 가까이 살면서 자주 방문했다. 커플린은 지방 노동 조합에서 집행 위원으로 일 하면서 부업으로 아내와 함께 두 개의 사업체를 운영했다. 이 두 사람이 카포네 부부에게 도움을 주었다. 게다가 1920년대에 알 이 설립한 불법 사업체에서 번 돈으로 지속적으로 재정적인 도 움을 준 인물은 바로 랠프 카포네였다.

시카고의 화려한 시절과는 거리가 멀었지만, 카포네는 아주 편안하게 살아갈 수 있었다. 심지어 사업에서 손을 떼고 있던 중 에도 카포네는 수백만 달러를 긁어들였다. 하지만 그는 육체적 정신적 상태가 악화돼 인생을 마음껏 살 수는 없었다. 열정, 허세, 허풍은 사라졌다. 40대 초반인데도, 몸은 50대나 60대보다도 더 지쳐 보였다. 수시로 사고 능력이 저하돼 어떤 때는 이성적이고 현실적으로 대처할 수도 없었다. 사실 온 세상 사람들이 알고 있던 알 카포네는 더 이상 존재하지 않았다. 하지만 삶은 그렇게 계속됐다.

메이 카포네는 미사에 자주 참석했다. 카포네는 가톨릭 신자였고 묵주를 가지고 다녔다고 알려졌다. 하지만 솔직히 말하면 그는 태어날 때, 결혼할 때, 죽을 때 이렇게 세 번 미사에 참석하는 신자들의 부류에 속했다.[1]

카포네는 1941년 12월 교회에서 치러진 아들 소니의 결혼식을 지켜보았다. 그는 목사와 교구민들을 당황하지 않도록 교회 결혼식장에서 멀리 떨어져 있었다고 전해졌다.

카포네는 바쁜 나날을 보냈다. 한때는 요트에서 길이가 2미터에 달하는 돛새치를 잡았던 능숙한 낚시꾼이었다. 하지만 이제는 그저 선착장 근처의 물속에 낚싯대를 집어넣어 보는 시늉이나 할 정도로 쇠약해졌다.[2]

또 자주 찾아주는 친구들과 카드 게임을 즐겼다. 현실을 오락

---

1. 여러 학자들이 이런 재미있는 이야기를 한 적이 있는데, 필자는 1960년 9월 28일, 작고하신 시러큐스 대학의 담당 목사 몬시뇨르 가논 라이언(Gannon Ryan)에게 이 이야기를 처음으로 들었다.

2. Robert J. Schoenberg, *Mr Capone* (New York, 2001), p. 266.

가락하면서도, 진 러미(둘이서 하는 카드 게임의 일종.)나 피너클 게임에서 누군가 자신을 이기는 순간은 제대로 잘 알고 있었다. 친구들은 한때 보스였던 사람에 대한 예의로 게임을 져주었다. 어쩌다가 실수로 게임을 이기게 되면, 카포네는 "영리한 녀석들"을 경계하라고 옆사람들에게 "명령을 내리기"도 했다.[3]

그는 임시 잔디 코트에서 테니스 공 튀기기를 좋아했다. 많은 면에서 카포네는 화이트칼라 범죄자들이 연방 교도소에서 하는 방식으로 살고 있었다. 그런 교도소들은 "점잖은" 범법자들을 감금하는 온건한 통제 방식 때문에 "컨트리 클럽"이란 명성을 얻게 됐다. 허약한 정신 상태에도 불구하고, 어쩌면 그렇기 때문에 카포네는 혼자 있는 것을 좋아하지 않았다. 그는 자신의 영광스런 시절을 기억하는 가족과 동료들만을 믿었다. 카포네에게 가장 큰 즐거움을 주는 사람들은 손자들과 조카딸 그리고 조카들이었다. 아들 소니의 부인은 네 명의 딸을 낳았다. 카포네는 그 손녀들을 애지중지했다. 그는 손녀들에게 값비싼 선물을 주었고 가족 풀장에서 시간 가는 줄 모르고 놀았다. 그러나 카포네를 몹시 놀라게 했던 것은 예기치 않은 가족의 등장이었다.

카포네는 위스콘신의 가족 은신처로 형 랠프를 만나러 가서

---

3. John K. Kobler, *Capone: The Life and World of Al Capone* (New York, 1971), p. 383.

리처드 제임스 "쌍권총" 하트로 더 잘 알려진 맏형 빈첸초와 재회했다. 그때가 바로 1941년이었다. 하트는 일찍이 어린 나이에 자립을 했다. 그는 브루클린의 서부로 가서 때로는 사기꾼으로 때로는 영웅으로 살았다가 결혼을 해서 정착했다. 그는 알 카포네와의 관계를 숨겼다. 아이러니하게도 하트는 중서부에서 인디언 부족들의 주류 판매를 전문적으로 적발하는 보안관으로 일하면서 스스로 '하트'라는 이름을 지었다. 힘든 시절을 겪으면서 하트는 자신의 가족들이 대공황 시기를 헤쳐 나갈 수 있도록 도움을 주었던 형제들과 랠프를 통해서 연락을 취했다.

하트는 "가족 상봉"에 세 아들을 데리고 갔다. 이 아이들은 삼촌 카포네를 보고는 우러러보게 됐다. 그들은 많은 시간 함께 어울렸고 주로 큰 소동을 피우기도 했지만, 카포네는 모든 게 다 좋았다. 어린아이들도 마찬가지였다. 특히 카포네가 백 달러 지폐를 뿌릴 때 그랬다.[4]

기억 상실을 제외하면, 하트나 그의 아들들 모두 카포네에게서 어떤 심각한 건강 문제를 알아차릴 수 없었다. 그리고 그런 증상들도 카포네가 앨커트래즈에 수감돼 있었기 때문에 생긴 문제라고 가볍게 넘겼다. 그들은 실제 상황을 깨닫지 못했다. 잭 구직

---

4. Laurence Bergreen, *Capone: The Man and the Era* (New York, 1994), p. 592.

은 문제의 핵심을 파악하고 있었다. 구직이 카포네를 만나고 왔다는 소문을 들은 시카고의 방송 기자들이 카포네가 다시 조직으로 돌아올 수 있는지를 물었다. 구직은 "카포네는 완전히 미쳤어요"라고 답했다.[5]

1942년, 의사들은 카포네를 포함해서 처음으로 매독 환자들을 페니실린으로 치료했다. 그렇게 하면서 아마 카포네의 생명을 연장시키거나 최소한 다소 견딜 수 있도록 해주었다. 그렇지만 의사들이 병세를 되돌려놓을 수는 없었다. 결국 카포네는 1947년 1월 25일 숨을 거두었다.

---

5. Kobler, *Capone*, p. 381.

14장

1920년대 미국사회와 조직범죄

Al Capone

카포네는 여러 가지 이유로 우리 곁에 남아 있다. 1920년대 부터 지금까지 사람들은 카포네를 주제로 책과 논문을 썼고, 영화를 만들었고, 텔레비전 특집물을 제작했다. 그러나 사람들이 그의 이야기를 그만둘 만큼 그 자체로 결정적인 작품이나 결말도 나오지 않았다. 카포네의 전성기 동안에 카포네에게 매우 비판적이었던 인쇄 매체들도 좀더 균형 감각을 갖게 됐다.

금주법이라는 복잡한 분야, 폭력 조직들의 역할, 그리고 근대적인 조직범죄의 출현 등을 깊이 성찰하면서 그 시절에 공감을 표시하기도 했다. 미국의 정부 운영 전 분야에 걸쳐 범죄조직과 정치인 사이의 동맹자적 역할과 같은 주제들은 전통적인 학계에서는 좀처럼 다루어지지 않았다. 하지만 이제는 크게 부각되면서 대학이나 일반 대중들 사이에서도 폭넓게 청중들을 끌어들이고 있다. 이는 결국 알 카포네와 같은 거물급 인사에 대한 새로운 관심을 불러오는 계기가 된다. 할리우드와 텔레비전은 대체로 카포네와 그의 시대에 연상되는 폭력과 잔인함만을 강조하는 틀에 박힌 시각을 계속 보여준다. 그들은 누가 주인공인지는 개의치 않고 대중들이 아무리 해도 채울 수 없는 듯 보이는 자극적인 장면이나 상업성으로 그 호기심을 채워버린다.

특히 카포네는 아주 대중적인 인물로서 '시카고, 금주법, 격동의 20세기' 같은 단어들과 거의 동의어가 돼버렸다. 카포네의 이름을 떠올리지 않고는 그 바람의 도시 시카고와 여기에 얽힌 사건들을 말하기가 어렵다. 미디어에서는 온 세계가 카포네의 일들을 알도록 보도했다. 미디어가 그렇게 만들었을지 모르나 아무튼 그는 제시 제임스와 함께 대중의 영웅이 됐다. 마피아에 대한 미국인들의 선입견도 카포네의 경우에는 대중적인 매력으로 바뀌었다. 마피아와 이탈리아계 미국인 범죄자들을 조직범죄와 동일시하는 잘못된 생각은 미국인들의 마음속에 지울 수 없는 흔적을 남겼다. 이에 따라 마피아의 일원은 아니었지만, 카포네와 같은 거물급 범죄자들은 자동적으로 마피아와 동일하게 취급됐다.

더욱이 카포네는 이따금씩 사람들이 그만한 배짱이 있었으면 좋겠다고 생각하는 일들을 해냈다. 그는 두려움 없이 목숨을 걸었고 위험을 무릅 쓰고 부딪쳐 나갔다. 권력에 저항했고, 스스로 느끼기에 말도 안 되는 법들을 위반했고, 소득세 납부를 피하려고 노력했다. 자신과의 약속을 깨뜨리면 상대방 폭력 조직원들과도 맞서 싸웠다. 배신을 했거나 배신을 할 조짐이 보인다고 믿을 만한 충분한 이유가 있으면 자신과 가까운 사람들이라도 제거했다. 불평등한 일들을 비난했고, 바로잡으려고 시도했다. 사람들이 정직한 일자리를 얻도록 도와주고, 착취자들을 피하도록 도움을 주었다. 시청과 싸웠고 잠시 동안이나마 시청을 '지배' 하기도 했다. 가난한 사람들에게 관대했고, 학대받는 사람들에게 용기를 주었다. 그는 정부가 정치적으로 조정해서 법적 구속력을 마련하기 전부터 평등한 기회를 부여하는 고용주였다. 그는 매혹적이고 파란만장한 삶을 살았다.

그는 언제라도 시중을 들어주고 보호해줄 경호원들이 탄 차량들을 앞뒤로 대동하고 고급 차를 타고 도시를 주름잡았다. 그 차량 가운데 하나는 주문 제작된 1930년형 V-16 캐딜락이었다. 최대 시속 120마일에 방탄유리, 운전석에 깔린 약 6밀리짜리 장갑판, 어떤 공격자에도 기관총을 발사할 수 있는 7센치미터짜리 총안銃眼이 달려 있었다. 연료 탱크는 방탄용이었고 바닥에 불쑥 나온 관에서는 못이 쏟아져나와 고속도로에서 추격자들을 따돌릴 수 있었다.

만약 이 모든 장치가 무용지물이 돼도, 배기장치에서 연막을 만들어내 뒤따라오던 운전자가 어디로 가고 있는지 시야를 잃게 만드는 장치만은 작동시킬 수 있었다. 사람들은 카포네가 이 차량에 2만 달러를 지불했다고 믿었다. 1920년대 차 한 대 값으로는 어마어마한 액수였다. 위험을 느끼지 않을 때는 날렵한 6기통에 4도어인 1925년형 패커드 컨버터블을 타고 다녔다. 이 차는 5인승이었는데, 최근 인터넷에 올라온 사진에는 판매 가격이 4만 9천9백 달러로 붙어 있었다. 네바다 주 라스베이거스의 임페리얼 펠리스 호텔과 카지노의 한쪽 측면에는 1930년형 캐딜락에 대한 설명과 사진이 날짜 표시 없이 붙어 있다.[1]

여행 수단으로 비행기가 선호되기 전부터도 카포네는 비행기를 이용했다. 그는 과시하듯 당시에 가장 좋은 기차를 타고 다녔다. 30세가 되기도 전에 억만장자가 되는 아메리칸 드림을 성취했다. 빈털터리로 시작해도 엄청난 부자가 될 수 있다는 살아 있는 본보기가 됐다. 그의 옷들은 최고급으로 화려한 색상에다 터무니없이 비쌌으며 보는 사람의 눈이 부실 정도로 다양한 다이아몬드가 장식돼 있었다. 카포네는 가장 부유한 금융가와 사업가에 걸맞은 신분의 상징을 가지고 있었다. 차, 보트, 비스케인 Biscayne 만에 있는 섬 모양의 집, 친교를 맺고 싶어하는 유명인사

---

1. 2002년 8월 15일자 www.talesofoldchina.com/shanghai/t-capo.htlm에 실린 러셀 T. 반하트Russell T. Barnhart의 회고에 따르면, 이 자동차는 "알 카포네가 사랑했던 자동차"로 여겨진다. 1925년형 패커드에 대한 설명과 두 장의 사진은 2002년 8월 15일자 www.miles-pocketwatches.com/ 1925_Packard.html에서 볼 수 있다.

들, 카포네와 만나 친분을 쌓았다고 자신들이 속한 세계의 다른 사람들에게 과시하기 위해서 기꺼이 교제하는 법조계의 우파 인사들. 게다가 카포네는 골프를 쳤는데 당시에 이 경기는 주로 부자들이 좋아하는 소일거리였다.

외적으로 드러나는 이런 허영심에도 불구하고 다른 사람들의 부족함에는 너그러웠다. 아낌없이 팁을 주었고, 자선 기관에 거액을 기부했고, 공황기 시절에는 가난한 자들에게 급식을 공급해주었다. 돈은 쓰지 않으면 무용지물이라고 생각했다. 카포네의 부하들은 사업 수익을 넉넉하게 배당받았다. 이는 카포네가 권력을 쥐게 되는 원천이 됐다. 그는 돈을 펑펑 썼다. 많은 사람들은 그런 면 때문에 그를 좋아했다. 친구와 친지들에게 보석과 돈을 뿌렸다. 경마 시즌에는 수십만 달러의 돈을 잃어서 마권 업자를 즐겁게 해주었다. 이렇게 돈을 마구 뿌리는 데는 나름대로 속셈이 있었다. 이런 관대함을 보임으로써 지도력을 유지하고 범죄 행위를 보상해주며 자신이 원하는 대로 사람들이 받아들여주는 동기를 줄 수 있다고 생각했다.

즉 대중들이 원하는 바를 제공해주는 사업가. 이렇게 되면 대중들은 카포네가 조정자라고 지목받고 있던 발렌타인데이 대학살과 대의명분을 저버린 안셀미, 스칼리스, 긴타를 개인적으로 처리하기 위해 믿기 힘들 정도로 끔찍하고 난폭하게 휘두른 폭력 행위를 잊어버리거나 적어도 마음 뒤편에 밀어둘 수 있게 될 거라고 믿었다. 언론은 사진까지 곁들여 이 살인 사건들을 매우 자세하게 다루었고 게다가 카포네가 주모자로 지목된 다른 많은 범죄 행위들도 함께 보도했다.

카포네의 허장성세는 성공한 스포츠인들, 정치가, 오페라 스타들, 연예인, 스포츠 기자들, 작가들뿐 아니라 평범한 미국인들에게 호감을 주었다. 그는 사람들이 신문을 통해 갖게 되는 추한 모습을 최소화할 수 있을 정도로 신사적이고 세련되게 사람들을 다루어 사람들을 무장 해제시키는 아주 매력적인 인물이었다. 그는 폭력배처럼 말하지 않았고, 사람들이 판단하고 예상했던 빈틈없고 교활한 냉혈 살인자의 모습은 실제로 드러내지 않았다.

그는 많은 잔인한 범죄 행위들을 저질렀다. 하지만 많은 사람들, 특히 젊은이들은 그를 존경했다. 심지어 옹호하는 사람들도 있었다. 카포네를 옹호했던 사람들 가운데 롤랜드 리보내티 Roland Libonati란 사람이 있었다. 리보내티는 제1차 세계대전에서 미군 장교였고 변호사였고, 미국 하원에서 16년간 시카고의 한 지역을 대표해왔다.[2] 리보내티가 카포네의 모든 범죄 행위를 용서한 것은 아니었다. 그는 차라리 카포네가 폭력을 사용한 이유

---

2. Martin Short, *Crime Inc.: The Story of Organized Crime* (London, 1984), pp. 84−87.

를 자기 방어 행위로 봐야 한다고 주장했다. 리보내티는 큰 역경을 딛고 엄청난 결과를 성취한 것, 특히 동족을 괴롭히는 이탈리아 범죄자들을 처단함으로써 많은 이탈리아계 미국인의 입장에서 영웅이 된 것을 카포네의 공로로 돌렸다.

분명 카포네의 변명은 리보내티와 같은 사람들에게 호평을 받는 데 긍정적인 영향을 미쳤다. 하지만 당대 신문사 사진 기자인 토니 버래디Tony Berardi는 생각이 달랐다. 카포네의 희생자로 추정된 사람들의 사진을 많이 찍은 버래디는 직접적으로 카포네의 무자비한 본성을 잘 알고 있었다. 오늘날 대다수 이탈리아계 미국인들이 지닌 압도적인 입장을 성찰하면서, 버래디는 이 사람들에게 카포네가 나쁜 영향을 주고 있다고 믿었다. 왜냐하면 카포네가 21세기에도 여전히 이탈리아계 미국인 범죄에 대한 고정관념을 강화하기 때문이다. 그런데 이상하게도 버래디는 카포네 곁에 머물며 사진 찍기를 좋아했다.[3] 버래디의 카포네에 대한 혐오나 호감으로도 카포네의 선하거나 악한 본성을 설명하지 못한다면, 카포네가 얼마나 수수께끼 같은 인물인지를 이해하는 데 도움이 될 것이다. 그 속에 그가 지닌 지속적인 매력의 주요 원천이 있는 셈이다.

---

3. 같은 책, p. 87.

수십 년 동안 압도적 다수를 차지해왔던 카포네를 싫어하는 사람들은 그의 악한 행위들인 살인, 마약, 불법 주류 거래, 매춘, 공무원 매수, 세금 포탈 등을 지적한다. 이미 지적한 대로 인쇄 매체가 카포네를 온건하게 다루는 반면, 끊임없이 카포네에게서 신비한 분위기를 부채질하는 방송 매체는 그의 어두운 면들을 강조한다. 주목할 만한 관련 할리우드 영화와 비디오를 다룬 몇 몇 비평들은 이런 점을 보여줄 것이다.

70년 동안 할리우드는 대중적인 시각으로 카포네를 다루고 있었다. 텔레비전은 거의 50년 가까운 기간 동안 이러한 본분을 다해왔다. 1880년대로 거슬러 올라가는 이탈리아계 미국인 범죄의 이면을 살펴보면, 처음에는 마피아 그 다음에는 흑수단이 시카고에서 위협이 됐다. 하지만 카포네에게 미국인들의 관심이 지나치게 집중되면서 사람들은 그때까지 미국 도시에서 아일랜드 인들이 저지르는 범죄 활동을 묘사하는 영화에서 아일랜드인들을 대신해서 악당들로 캐스팅되던 이탈리아계 미국인들을 잠재적 범죄자로 보기 시작했다. 1930년 허구의 이탈리아계 미국인 범죄자 리코 반델로Rico Bandello에 초점을 맞춘 영화 「리틀 카이사르Little Caesar」가 개봉되면서, 카포네는 폭력과 부정부패, 이탈리아식 이름을 가진 폭력 조직을 다루는 할리우드 영화의 모델이 됐다. 1932년에 만들어진 영화 「스카페이스」에서는 더욱더 이탈리아계 미국인 범죄조직들을 범죄의 중심으로 드러냈다. 이 영화는 앞으로 나올 수많은 갱스터 영화의 분위기를 결정했다. 이 영화들이 카포네라는 모델에 초점을 맞출수록 법과 질서를 지켜야 하는 대중들과 공무원들의 허울뿐인 책임 의식은 더욱 소홀히 다루어졌다.

21세기에도 더욱 활발하게 나오는 갱스터 영화들도 기본적으로는 카포네의 광기, 폭력, 난폭함, 도박, 음주, 여자로 점철된 방탕한 생활 방식을 다루었다. 어떤 구체적인 연구보다는 막연히 카포네의 전설을 기초로 한 이 영화들은 대부분 천박한 오락과 자극에 목말라 있는 대중들의 요구에 맞춰 꾸며낸 이야기를 사용하는 허구들이다. 이런 영화들의 예는 참고 문헌에 수록돼 있다.

전기적이고 역사적인 접근을 통해 카포네를 좀더 정확하게 설명하려고 시도했다는 점에서 텔레비전은 할리우드 영화보다는 조금 더 나은 편이다. 많은 카포네 전기 작가들이 「바이오그래피 Biography」(1997)라는 잡지에서 인터뷰를 했는데, 카포네의 삶을 다소 호의적으로 평가하면 수정주의자가 되기 십상이었다. 그들은 학대받는 사람들에게 보였던 카포네의 관용과 관심에 대해 이야기했고 다르게 보일 수도 있는 가혹한 범죄의 측면을 다소 부드럽게 표현하려 했다. 하지만 폭탄이 터지고, 총알이 날아다니고, 빌딩이 화염에 휩싸이고, 사람들이 높은 곳에서 떨어지는 장면과 비명은 시청자들에게 어떤 말보다도 오래 남게 된다.

이 거물 때문에 유명해지거나 악명 높아진 여러 사건 현장을 찾아가는 시카고 버스 여행은 카포네에 대한 대중의 관심을 잘 말해준다. 이것이 바로 미디어와 오락 산업이 카포네의 신비로움 때문에 번성하면서 끝까지 밀어붙이게 만들 수 있는 카포네의 힘을 증명해준다.

이 관광은 더 큰 질문을 제기한다. 장사꾼들이 등을 돌린다면 카포네는 사라지게 될까? 만약 그렇다면 사람들은 그에 대해서 계속 알려고 할까? 살인자가 어떻게 따뜻한 가장이 될 수 있는가라는 퍼즐을 풀려고 노력할까? 어떻게 그렇게 매력적인 미소를 가진 사람이 잔혹한 살인자가 될 수 있을까? 카포네의 동물적 마력이 여전히 사람들을 끌어당길 수 있을까? 그에게 엄청난 경제적 성공을 가져다준 무모한 대담함과 동물적인 본능이 계속해서 사람들을 현혹시킬 수 있을까? 할리우드가 다루는 그의 생애와 매력에 끌려서 대중들은 여전히 카포네의 이야기를 찾는다는 생각이 가장 그럴듯하다.

만화는 더 이상 카포네 전설의 주요 원천은 아니지만, 한때 대중 앞에 카포네의 이름을 알리는 결정적 계기가 됐다. 체스터 굴드Chester Gould의 「딕 트레이시Dick Tracy」는 1931년 첫선을 보였다. 여기서 알 카포네와 닮게 그려진 뚱뚱하고 시가를 피우는 악당이 주인공의 맞상대 빅보이로 등장했다. 빅보이는 그의 부하들에게 이웃 조제 식품 판매점 주인이자 트레이시의 애인 테스의 아버지인 에밀 트루하트Emile Trueheart의 인명 구조법을 훔쳐오라고 명령한다. 트루하트가 저항하자 침입자들은 그를 죽이고, 딸을 데리고 급히 도망친다. 드디어 볼품없는 건달들이나 이탈리아계 미국인들로 구성된 공갈단에 맞서 무자비한 전쟁을 선포한 유명한 탐정이 탄생하게 됐다.

카포네가 아무리 지위를 향상시키려고 했어도, 이탈리아계 미국인들을 부패한 폭력 집단으로 묘사하는 사회 체제에서는 그의 뜻과는 달리 아무런 역할도 하지 못했다. 딕 트레이시는 배트맨이나 마블 선장 그리고 이탈리아계 미국인들로 이루어진 협박범들이나 공갈단들에 맞서 싸우는 여러 등장 인물들에 나오는 대중적인 슈퍼 히어로*의 모델이 됐다.[4]

1940년대 초반까지 만화의 영웅들은 이탈리아계 미국인 불량배들을 손쉽게 때려눕혔고 우쭐되는 골목대장처럼 보였다. 예술은 현실을 닮아가고 있다. 이탈리아계 미국인들의 부정적 이미지를 낭만적으로 미화했던 1920~1930년대, 카포네의 시대는 종

---

4. Luciano J. Iorizzo and Salvatore Mondello, *The Italian Americans*, rev. ed. (Boston, 1980), pp. 263-284.

말을 고했다. 1940년대에 카포네는 플로리다에서 쇠락해가고 있었다. 한때 아무도 건드릴 수 없는 범죄의 왕이었던 인물은 종이 호랑이로 변모했다. 하지만 잊혀지지는 않았다. 더 많은 마피아 영화 「대부The Godfather」「라 코사 노스트라」와 최근의 드라마 「소프라노스」 등이 한동안 더 유행했지만, 여전히 카포네는 수많은 미디어 방영물(참고 문헌에 나와 있는 항목이 보여주듯이)의 주제가 되고 있다.

방송에서는 카포네의 잔인하고 불법적인 면만을 부각시켰지만, 실제로는 그를 추켜올리는 효과를 낳았다. 그는 세계에서 가장 유명한 미국인이었고, 황제에 비견됐고, 위압적인 몸집과 잘 돌아가는 머리와 사람을 끄는 힘으로 유명해졌다. 카포네는 전설이 됐고 대중의 영웅이었고 미국 범죄 역사의 중요 테마가 됐다.

요컨대 카포네는 복잡다단한 수수께끼 같은 인물이었다. 엄청난 체력과 현실 감각으로 명성과 부를 얻었다. 그는 아내, 어머니, 친척들, 게다가 먼 친척까지도 사랑했다. 그는 자신의 사랑을 일용품을 해결해주거나 호화로운 생활을 마련해주는 등의 여러 가지 방법으로 표시했다. 패배자에게도 기회를 주는 아량을 베풀었지만 자신의 생존 방식을 따르지 않는 자들에게는 경고를 했다.

그는 권위를 존중했다. 이런 면모는 모범수가 되려고 노력한

데서 찾아볼 수 있다. 감옥에서의 유순한 행동들은 신앙심의 발로였다. 과오에 대한 조용한 참회이자 부정한 행위에 대한 속죄였다. 그는 가톨릭 신자였지만 좀처럼 교회에 가지 않았다. 그렇게 하는 편이 교회를 당혹하게 하지 않는 길이라고 해명했다.

카포네는 금주법을 위반하는 짓은 전혀 하지 않았다고 굳게 믿고 있었다. 그는 당대에는 금지됐지만 역사적으로 합법화됐던 음주, 도박, 매춘을 일반 개인들이 함께할 수 있게 함으로써 나쁜 의미의 영웅이 됐다. 카포네는 이런 점들을 간파하고 이용했다.

적들이 아무리 죽을 짓을 했다고 해도, 그들을 처형하는 데는 일말의 책임과 가책을 내심 느끼고 있었다. 그는 미국 도시에서 부정부패가 만연해 있었기 때문에 자신의 삶을 합리화할 수 있었다. 누군가가 선수를 치기 전에 먼저 움직여야 한다는 정글의 법칙에 따라 자신의 행동을 정당화할 수 있었다. 이것이 바로 세상을 현명하게 살아가는 방식이다. 하지만 평범한 미국인들은 그런 식으로 세상을 바라보지 않는다는 점을 카포네는 깨달았다.

미디어에서는 자신을 사회의 최하층민, 잔인한 살인자, 냉혹한 범죄자, 방탕한 도박사, 포주, 사기꾼으로 주목하고 있었음을 알았다. 그래서 대외 활동을 할 때면 웃음을 띠며 사교적인 겉치레를 했고 기회가 있을 때마다 변명을 늘어놓았다. 마침내 사회는 그를 매장하려 했지만 거기에게서 벗어날 수는 없었다.

대중들이 얼마나 지속적으로 카포네에게 관심을 보일지는 오직 시간만이 말해주리라. 미디어 제국들은 책, 영화, 비디오, 인터넷 정보들을 사람들이 필요로 하는 한 계속해서 공급한다. 현재도 카포네를 다룬 자료를 찾는 걸 보면 이 빅 가이는 앞으로도 오랫동안 살아 있을 것이다.

〈용어사전〉

애더홀드Aderhold, A.C.
미국 애틀랜타 교도소장.

조 아도니스(Adonis, Joe. 1902－1972)
브루클린 갱 두목.

마이클 에이헌Ahern, Michael J.
카포네의 소득세 재판을 담당했던 변호사 중 한 명.

조셉 아이엘로(Aiello, Joseph, 1891－1930)
마이너 노스사이드의 두목. 아이엘로는 카포네가 시칠리아 연합의 두목으로 토니 롬바르도를 지지했기 때문에 카포네의 적과 연합했고, 카포네를 죽이는 자에게 5만 달러를 제공한다고 공표했다.

앨커트래즈Alcatraz
샌프란시스코 연안에 있는 연방 감옥으로서 가장 거친 죄수들이 수감됐다. 카포네는 1934년 8월 22일부터 1939년 1월 6일까지 복역했다.

모제스 아넨버그 "모"(Annenberg, Moses L. "Moe", 1877－1942)
시카고 신문 경영자로서 전신 서비스를 독점하고 전국에 걸쳐 다양한 경마 신문 업체들을 통제했다. 그는 애틀랜틱 시 협의회에 참여했다. 몇몇 사람들은 그가 강력한 사기 조직단의 일원이라고 말하기도 한다.

앨버트 안셀미(Anselmi, Albert, 1929 사망)
"날쌘 두꺼비" 주세페 긴타를 보라.

애틀랜타 연방 교도소Atlanta Federal Penitentiary
카포네는 1932년 5월 4일부터 8월 19일까지 복역했다.

애틀랜틱 시 협의회Atlantic City Conference
1929년 5월 범죄계의 거물급 우두머리들이 모여 중요한 결정을 내린 회담.
그들은 전국에 걸쳐 범죄조직을 체계화했고, 레이 오프 베팅을 조작하며,
경마 신문에 전신 서비스를 싣도록 하고, 카포네를 구금해 필라델피아에
서 경범죄로 투옥되게 함으로써 지하 세계에 논란을 불러일으켰다.

찰스 베커(Becker, Charles, 1869─1915)
싱싱Sing Sing에서 사형을 집행한 뉴욕 시 경찰청 경사.

에이브 번스타인Bernstein, Abe
퍼플 갱 집단의 두목.

흑수단Black Hand
20세기 초 이민자들을 착취한 강탈자 집단.

보트 레이스Boat race
거세된 말들의 경주.

루이스 부캘터 "렙케"(Buchalter, Louis "Lepke", 1897─1944)
'살인자' 조합의 리더. 정부에 의해 처형당했다.

버크, 프레드 R. "킬러"(Burke, Fred R. "Killer", 1893─ca. 1940)
세인트루이스의 '에간 래츠' 의 전 멤버로서 카포네의 갱 집단에 참여했고,
성 발렌타인데이 학살의 주동자라고 생각된다.

앨버트 프랜시스 카포네 "소니"(Capone, Albert Francis "Sonny", 1918 출생)
카포네와 메이 커플린의 아들.

라파엘 카포네 "랠프"(Capone, Raffaele "Ralph", 1894─1974)
카포네의 형이면서 오른팔. 매춘업을 담당했고, 카포네가 투옥됐을 때 그
의 사업을 대신 운영했다.

살바토레 카포네 "프랭크"(Capone, Salvatore "Frank", 1895─1924)

카포네의 형, 토리오 파의 일원으로 범죄계에 가담했으며 시세로에서 죽었다.

빈첸초 카포네, "제임스"(Capone, Vincenzo "James", 1892−1951)
카포네의 형으로서 어린 나이에 가족을 떠나서 "쌍권총" 하트라 불리던 리처드 조셉 아래에서 법 집행을 담당했다.

루이스 클라크Clark, Louis
메이 커플린의 여동생인 뮤리엘 커플린과 결혼.

클리블랜드 협의회Cleveland Conference
애틀랜틱 시 협의회의 기본 원리를 정초했던 협의회. 1928년 12월 개최.

제임스 콜로시모 "빅 짐"(Colosimo, James "Big Jim", 1877−1920)
시카고의 첫 조직 폭력단의 두목. 토리오와 카포네에게 일자리를 주었다.

조합The Combination
범죄조직의 또다른 이름.

프랭크 코스텔로(Costello, Frank 1893−1973)
뉴욕 폭력단 루키 루치아노의 동료.

데니스 커플린 "대니" Coughlin, Dennis "Danny"
카포네의 사위.

존 커플린 "배스하우스" Coughlin, John "Bathhouse"
시카고의 최초 시위원이자 정치계의 거물로 콜로시모가 노동자에서 범죄조직의 두목이 될 수 있도록 도왔고, 토리오-카포네 갱 조직이 성장할 수 있게끔 했다.

메리 조세핀 커플린 "메이"(Coughlin, Mary Josephine "Mae", 1897−1986)
1918년 12월 30일 카포네와 결혼.

뮤리엘 커플린Coughlin, Muriel
메이 커플린의 여동생으로서 루이스 클라크과 결혼.

앤서니 단드레아(D'Andrea, Anthony, 1921 사망)
시카고의 시칠리아 연합의 붕괴를 도운 정치·범죄적 인물.

필 단드레아D'Andrea, Phil
카포네의 경호원장이며 시칠리아 연합의 우두머리.

제임스 빈첸초 데모라Demora, James Vindenzo
"기관총" 잭 맥건을 보라.

윌리엄 데버Dever, Willam E.
1923년부터 1927년까지 시카고의 개혁을 단행했던 시장.

빈센트 드루치 "책략가"(Drucci, Vincent "The Schemer", 1885-1927)
오배니언의 갱 집단 일원.

드러건-레이크 갱 집단Druggan-Lake Gang
테리 드러건과 프랭키 레이크의 갱 집단. 카포네를 지속적으로 도왔던 유일한 아일랜드 갱 집단. 이들은 리틀 이탈리아와 시세로 사이의 웨스트사이드를 지배했다.

금주론자Drys
금주법을 지지하고 엄격하게 시행되기를 원하는 사람들.

앨버트 핑크Fink, Albert
소득세 재판에서 카포네를 변호했던 두 명의 주요 변호사 중 한 명.

파이브 포인트 갱Five Points Gang
뉴욕 시 동부 아래쪽과 기타 인근 지역을 다스렸다. 조니 토리오, 루키 루치아노, 프랭키 예일, 카포네와 같은 갱 집단들에게는 이곳이 일종의 실험 무대와도 같았다.

아서 플레겐하이머Flegenheimer, Arthur
더치 슐츠를 보라.

존 포트르Fotre, John
카포네의 소득세 재판에서 증언했던 렉싱턴 호텔의 웨스턴 유니온 책임자.

포 듀스The Four Deuces
토리오가 소유한 시카고의 4층 건물로 그 안에 유흥장과 도박장, 매음굴이
있다. 카포네는 여기에서 일하면서 시카고에서 첫 출발을 내딛었다.

제나 형제들Genna Brothers
안젤로, 안토니오, 마이크, 피트, 샘, 빈첸초 "짐"은 시칠리아의 마르살라
출신이다. 그들은 시카고의 리틀 이탈리아의 알코올중독자들을 위한 왕국
을 설립했다. 그들의 주요 고객은 모런 갱 집단으로부터 자신들을 보호해
주는 카포네였다. 시칠리아 연합을 다스리려는 일념하에 그들은 안셀미와
스칼리스를 배신하고 카포네 편으로 돌아섰다.

긱Gig
일자리를 의미하는 음악가들의 용어.

주세페 긴타 "날쌘 두꺼비"(Guinta, Giuseppe "Hop Toad" 1929년 사망)
카포네 갱 집단의 일원이었으며 시칠리아 연합의 두목. 1929년 5월 7일 그
의 보스(안셀미와 스칼리스)를 죽이는 임무 중 사망했다.

제이크 구직(Guzik, Jake, 1886-1956)
잭이라고도 불린다. 그와 형 해리는 카포네 갱 집단의 일원이었다. 제이크
는 매춘업자에서 카포네의 주요 경제 고문이 됐다. 거의 가족처럼 구직은
카포네에게 가장 깊은 신뢰와 도움을 주었다.

리처드 하트 "쌍권총"(Hart, Richard C., 1892-1952)
빈첸초 카포네를 보라.

하버드 인The Harvard Inn
코니아일랜드에 있는 프랭키 예일의 술집으로서 카포네가 암거래를 시작
한 곳이다.

호손 인Hawthorne Inn
시세로에 있는 카포네의 본부.

호손 커널 클럽Hawthorne Kennel Club
시세로에 있는 개 경주로.

호손 스모크 숍Hawthorne Smoke Shop
토리오와 카포네가 처음으로 운영했던 시세로의 도박 업소.

파커 헨더슨 주니어Henderson Jr., Parker
카포네가 마이애미 지역에서 자립할 수 있도록 도움을 주었던 고 마이애미
시장의 아들.

조셉 하워드(Howard, Joseph, 1896—1924)
제이크 구직을 학대한 이유로 카포네에 의해 살해됐다고 한다.

머레이 험프리 "낙타" Humphreys, Murray "The Camel"
시카고 폭력단의 지도부로 상승한 카포네가 고용한 암살자.

새뮤얼 맥퍼슨 헌트 "골프백" Hunt, Samuel McPherson "Golf Bag"
카포네 장례식에 관을 들었던 인물로서 카포네가 고용한 암살자.

엘머 이레이Irey, Elmer
국세청의 특별 정보부 부장으로 카포네의 탈세 조사에 착수하고 압력을 행
사했다.

조지 존슨Johnson, George E. Q.
WASP 출신으로 구성된 시카고의 미국 부패 방지 변호사 협의회에서 존슨
은 탈세 혐의로 카포네를 기소했다.

제임스 존스턴Johnston, James A.
앨커트래즈의 교도소장.

마이클 케나, "속임수" Kenna, Michael "Hinky Dink"
시카고의 초대 시위원이며 정치적 거물로서 존 "배스하우스" 커플린과 함께 콜로시모를 보호해주고, 토리오-카포네 갱 집단에게 힘을 실어주었다.

프랭크 콘실 "왼손잡이" (Koncil, Frank "Lefty", 1927 사망)
조셉 살티스의 운전사.

라 코사 노스트라La Cosa Nostra
1930년대 이탈리아계 미국인 범죄 집단을 묘사하고 마피아를 뜻하는 용어로 널리 알려졌다. 조 밸러치가 그 단어를 사용하지는 않았지만 그가 퍼뜨렸다고 알려진 개념. 이 용어로 인해 이탈리아계 미국인들은 조직 범죄자들과 동의어가 됐다.

마이어 랜스키(Lansky, Meyer, 1902-1983)
민족성과 관계 없이 뛰어난 능력을 발휘해서 범죄조직을 미국화시키려 했던 움직임의 선봉에 있었다. 주로 국제적인 폭력 조직을 확장시키면서 그는 특히 유대인과 이탈리아 갱 단원들을 잘 규합했다. 그의 주 파트너가 루키 루치아노이다.

프랭키 라 포르트La Porte, Frankie
몇몇 사람들에 의해 카포네를 뒤이을 두목으로 추대됐던 시카고 갱 단원.

레이오프 베트Lay-off bets
자신들의 능력과 재량 이상으로 사업에 관여한 마권 업자들이 그들 활동의 일정 지분을 마권 업자들에게로 넘기는 시스템.

마이클 레피토Lepito, Michael
마이클 말론을 보라.

루이스버그 연방 교도소Lewisburg Federal Penitentiary
카포네가 석방됐던 곳인 펜실베이니아 감옥.

렉싱턴 호텔Lexington Hotel
시카고의 카포네 본부 중 한 곳.

안토니오 롬바르도 "토니" Lombardo, Antonio "Tony"
카포네의 친구이자 사업가로서 정치인과 갱 집단들과 관계를 맺고 있으
며, 안젤로 제나의 살해 이후 카포네의 도움으로 시칠리아 연합의 의장이
됐다.

찰스 루치아노 "루키"(Luciano, Charles "Lucky", 1897-1962)
이탈리아 갱 단원들과 함께 지역 조직에서 탈퇴해 비 이탈리아게 사람들을
모아 집단을 만들고 우두머리가 됐다. 그는 전국에 걸쳐 갱 단원들을 고용
관계로 묶었다. 주요 파트너는 마이어 랜스키.

마피아Mafia
서부 시칠리아의 비밀 조직으로서 각 공동체 내 다소 느슨하게 결합돼 있
는 조직이었다. 사회에 깊숙이 관여하면서 그것은 범죄적인 성격이 짙어졌
고, 몇몇 갱 단원들이 다른 나라로 이민을 가서 이식시키려고 했으나, 몇백
년 동안 시칠리아인들의 모든 삶에 물들어 있던 조직 체계를 옮겨 심을 수
는 없었다. 갱 단원들이 점차 미국 문화에 젖어들면서, 새로운 환경에 비밀
조직을 건설하려는 어떠한 노력도 실패했다.

마이클 말론Malone, Micahel F.
프랭크 윌슨을 위해 마이클 레피토라는 이름으로 카포네의 갱 집단에 잠입
했던 스파이.

살바토레 마란차노(Maranzano, Salvatore, 1868-1931)
시칠리아 카스텔라마르스 출신으로서 고등 교육을 받은 마란차노는 무솔
리니가 정권을 잡은 후 범죄에 맞선 소탕 작전으로 이탈리아를 떠나야 했
다. 그는 1927년 이탈리아를 떠나 뉴욕에 정착한 후, 뉴욕의 시칠리아인 범
죄조직들과 밀접한 연대를 유지하며, "두목 중의 두목"이 되고자 했다. 라

이벌 조 "두목" 마세리아의 제거를 명령했으나, 루키 루치아노, 벅시 시겔, 마이어 랜스키가 이끄는 집단이 통합되면서 살해됐다.

주세페 조 마세리아 "보스"(Masseria, Giuseppe Joe "The Boss", 1931 사망)
이탈리아계 미국인 범죄 집단의 통제에서 살바토레 마란차노의 라이벌. 주세페는 이 집단이 순수 이탈리아인들로만 구성돼야 한다고 생각했다.

로렌스 매팅리Mattingly, Lawrence P.
1926년부터 1929년 사이 카포네의 소득을 상세히 적은 재정 상황에 대한 편지를 남긴 카포네의 변호사. 이 편지는 카포네의 탈세 혐의 재판과 죄를 기소하는 데 주요 열쇠가 됐다.

마이클 카시우스 맥도널드McDonald, Michael Cassius
시카고에서 일찍이 그는 현대 조직범죄 우두머리의 모델이었다.

잭 맥건, "기관총"(McGurn, Jack, "Machine Gun" 1904–1936)
카포네가 고용한 암살자이며 성 발렌타인데이 학살의 주범자. 전에는 제임스 빈첸초 드 모라였다.

윌리엄 맥스위긴McSwiggin, William
주 정부의 보조 변호사. 갱 집단들과의 총격전에서 사망.

메트로폴 호텔Metropole Hotel
시카고의 카포네 본부 중 하나.

데이비드 머니페니Moneypenny, David
쿡 카운티 감옥의 교도소장.

얼 무어Moore, J. Earle
존스 홉킨스 병원에서 카포네를 담당했던 의사로서 '매독에 의한 진행성 마비'에 권위를 가지고 있다.

조지 모런 "벅스" Moran, George "Bugs"
폴란드와 아일랜드계 부모의 사망 이후 오배니온-웨이스 갱 집단의 일원이 됐다.

존 모리시 Morrissey, John
뉴욕 출신으로서 모리시는 현대 범죄조직 우두머리의 또다른 모델이었다.

공제조합 Mutual Benefit Societies (MBS)
'상조회' 라고도 알려져 있다. 이들은 이민자들로 구성된 자선 단체로서 정부가 사회 보장 제도를 설립한 시기 이전에 실업 보험이나 노동 보상 등 조합원들에게 복지 혜택을 주었다. 각각의 이탈리아 공동체들은 이런 조합을 갖고 있었는데, 20세기 초 시카고에는 4백여 개, 뉴욕 시에는 2천 개 정도가 있었다. 시간이 지나면서 이민자들의 지역주의가 사그라지고 이민자 수가 급격히 감소하면서 많은 조합들이 서로 합병했다. MBS는 많은 유가족에게 장례비를 지급하고 어려운 시기를 잘 헤쳐 나갈 수 있도록 도움을 주었다.

토머스 내시 Nash, Thomas D.
마이클 에이헌과 함께 카포네의 변호사 팀 중 1/2순위에 있는 변호사.

전국 범죄 조직 National Crime Syndicate
널리 알려진 '마피아' 라는 이름 대신 미국의 범죄 조직에 대한 더 자세한 명칭.

국가 전신 서비스 National Wire Service
전화와 전보로 전국에 걸친 마권 업자들에게 스포츠 베팅 정보를 제공한다.

엘리엇 네스 Ness, Elliot
시카고에서 주 정부 금주법을 지키기 위한 팀을 조직했다. 이는 "언터처블" 이라는 유명한 이름이 됐다.

프랭크 니티 "위협꾼" (Nitti, Frank "The Enforcer", 1884 – 1943)
1930년대 카포네가 고용한 암살자.

디온 오배니온(O' Banion, Dion, 1892-1924)
시카고에서 가장 강력한 갱 집단 중 하나로서 토리오-카포네 팀의 라이벌.

사우스사이드의 오도넬 형제O'Donnell Brothers, South Side
"스파이크" 에드워드, 스티브, 월터 그리고 토미로 이루어졌다. 이 형제들
은 토리오-카포네와 잘 어울렸는데 1923년 스파이크가 석방되면서 토리
오-카포네의 영역을 침범하기 시작했다. 그러자 그 당시 카포네를 지원했
고 오도넬 형제들을 살해하고 부상을 입혔던 살티스-매클레인 갱 집단에
의해서 결국 쫓겨났다.

웨스트사이드의 오도넬 형제O'Donnell Brothers, West Side
"클론다이크" 윌리엄, 버나드, 그리고 마일스로 이루어졌다. 이들은 모두
아일랜드계로서 처음에는 토리오-카포네와 연합했으나, 곧 모런과 결탁했
고, 맥스위긴과 관련된 3자간 살인 사건 이후 전쟁에서 손을 떼기로 결정
했다.

에드워드 오헤어O' Hare, Edward H.
에드워드 제이 오헤어의 아들. 제2차 세계대전에서 5명의 폭탄병을 잡은
공로로 국회 명예훈장을 받았다. 이후 공중전에서 전사한 그의 이름을 본
떠 시카고의 공항 명칭을 정했다.

에드워드 오헤어O' Hare, Edward J.
다소 의심스러운 변호사·사업가로서 한때 카포네와 일했던 적이 있다. 그
러나 정부가 카포네를 기소하는 데 정보를 제공함으로써 결정적인 역할을
했다. 이후 자동차 안에서 피살당했다.

랜섬 올드Olds, Ransom E.
올드모빌 자동차의 창립자이며 카포네 소유의 대형 모터보트를 만들었다.

일방 통행One-way Ride
갱 단원들이 불법적인 것을 운반하는 방법을 묘사하는 표현. 희생자는 먼
곳으로 실려가서 살해되고 버려진다. 이것은 금주법과 자동차의 출현 이후
통용됐던 용어이다.

폭력단The Outfit
범죄 조직, 국가적 범죄 집단, 혹은 전국에 걸쳐 조직돼 있는 범죄 집단의
또 다른 용어.

포플레이션Population
감옥 안에서 혼자 독방에 갇힌 재소자와 달리 자유롭게 다른 재소자들과
어울릴 수 있는 재소자들을 일컫는 말.

금주법Prohibition
미국 수정 헌법 18조에 의거해 알코올류의 제조, 운송, 판매를 금지하고,
금주법을 따르도록 강제하는 법안.

퍼플 갱The Purple Gang
캐나다의 알코올류를 전략적으로 시카고, 특히 카포네에게 공급하도록 배
정된 디트로이트 갱 집단. 이후에는 루키 루치아노, 마이어 랜스키, 렙케
부캘터와 기타 다른 이들과 결탁했다. 에이브 번스타인이 우두머리이다.

사기꾼Racketeer
주류 밀매, 사기, 폭력, 기타 정직하지 못한 행위 등을 통해 불법적으로 돈
을 벌어들인 사람. 어떤 이들은 쉽게 돈을 버는 사람을 가리키는 일반적인
용어로도 사용한다.

폴 리카 "웨이터"(Ricca, Paul "The Waiter", 1897–1972)
돼지고기를 공급했던 프랭크 니티, 토니 아카르도 및 다른 이들과 함께 시
카고의 지략가로 알려진 인물. 카포네의 감금 이후, 루키 루치아노와 마이
어 랜스키는 리카를 대단히 존경했다.

프레드 리스Ries, Fred
카포네의 회계원으로 소득세 재판 때 카포네에게 불리한 증언을 하도록 강
요받았다고 한다.

프랭크 리오Rio, Frank
긴타, 안셀미, 스칼리스가 카포네를 살해하려 한다는 모의를 밝혀낸 충직

한 경호원.

강도 귀족들Robber Barons
경쟁자들에게 거칠게 굴고, 19세기에 마구잡이 독점과 수익 창출을 위해서 미국의 자원과 노동력과 사람들을 착취했던 악덕 사업가.

아널드 로트슈타인(Rothstein, Arnold, 1882−1928)
천재적 도박사로서 그의 레이-오프 베팅 시스템은 전국 범죄 조직의 발전을 가속화시켰다. 루키 루치아노와 마이어 랜스키와 같은 인물들을 비호하면서, 로트슈타인은 1910년부터 1920년까지 뉴욕에서 가장 영향력 있는 갱 단원이었다.

모리스 루덴스키 "레드"(Rudensky, Morris "Red", 1908 출생)
대도(大盜) 루덴스키는 애틀랜타 감옥에서 카포네와 같은 방을 썼다. 그는 디트로이트의 퍼플 갱뿐 아니라 카포네를 위해서 일했고 감옥 내에서 카포네와 친밀하게 지냈다.

살티스-매클레인 갱Saltis-McErlane Gang
시카고의 남서쪽에서 활동하는 조셉 "폴락 조" 살티스와 프랑크 매클레인의 갱 집단. 그들은 카포네를 후원했으며 이전 패거리들과 맞서서 웨이스와 함께 일했다. 이후에는 (카포네의 동맹인) 셸던과 다툼을 벌였다. 매클레인은 1929년, 살티스는 1930년 그만두었고, 카포네가 그들 영역을 접수했다.

존 스칼리스(Scalise, John, 1929 사망)
긴타를 보라.

더치 슐츠(Schultz, Dutch, 1902−1935)
전하는 바에 따르면 카포네의 행보를 전국 범죄 연합 쪽으로 돌리게 한 갱 단원. 원래 이름은 아서 플레겐하이머였다.

셸던 갱Sheldon Gang
주로 젊은 시절의 카포네와 랠프 셸던이 이끌었다. 이 조직은 1930년대 전국범죄 연맹의 설립과 함께 해체됐다.

더 십The Ship
카포네가 토리오, 오배니온과 합작하여 설립한 도박 회사.

레슬리 셤웨이Shumway, Leslie
카포네의 소득세 재판에서 그에게 불리하게 증언하도록 강요받았다고 전해지는 인물로서 '십'과 '호손 스모크 숍'에서 카포네의 회계를 담당했다.

벤자민 시겔 "벅시" (Siegel, Benjamin "Bugsy", 1906－1947)
전국 범죄 연맹의 거물급 조직원이자 라스베이거스를 도박의 도시로 만들어나가는 데 일익을 담당했다.

렌 스몰Small, Len
일리노이의 부패한 정치인으로서 토리오와 카포네 및 해리 구직과 같은 매춘 업자에게 빚을 지고 있는 인물.

조셉 스텐슨Stenson, Joseph
시카고의 스텐슨 일가의 일원으로 합법적 양조 업체를 운영했다. 금주법이 시행되자 불법 주류 제조업에 뛰어들어 토리오-카포네, 드러건-레이크 등과 함께 일했다.

성 발렌타인데이 대학살St. Valentine's Day Massacre
1929년 2월 14일 정부는 어떤 희생을 치르더라도 카포네를 잡으려고 했다. 그 결과 카포네는 대중적 지지를 잃어버렸다.

신디케이트(조직폭력단)The Syndicate
(인종이나 민족을 기반으로 형성되는 집단의) 사회적 성격보다는 (돈을 추구하는) 경제적 성격이 두드러지는 조직 범죄단. 카포네는 이 단어를 신문에서 읽고 채택했으며 자신의 조직을 일컫는 데 사용했다. 전국 범죄 연맹, 폭력단, 조직범죄, 마피아, 라 코사 노스트라, 콤비네이션은 모두 같은 단어들이다.

몬트 테네스(Tennes, Mont, 1865－1941)
마이크 맥도널드의 후견인이자 전국에 걸쳐 전신 서비스를 다루는 시카고
의 최초 도박 조합체의 우두머리. 그가 1924년 은퇴했을 때는 시카고에서
일었던 개혁 운동이 그 일을 떠맡았고, 모제스 아넨버그에게 매각하고(50
퍼센트), 나머지는 친척을 포함한 다른 이들에게 팔았다.

터미널 아일랜드Terminal Island
캘리포니아의 로스앤젤레스 가까이에 있는 연방 교정 기관. 앨커트래즈에
서 나온 후, 루이스버그 연방 감옥에서 집행 유예로 풀려나기 이전까지 카
포네는 이곳에서 지냈다.

윌리엄 헤일 톰슨Thompson, William Hale
개방 도시를 대변했던 시카고 시장.

조니 토리오(Torrio, Johnny, 1882－1957)
카포네의 정신적 스승이자, 현대 범죄 조직을 구축한 인물. 그는 필요할 때
가 아니라면 폭력을 쓰지 않고 주로 조용한 위협과 사업 수단을 이용했으
며, 루키 루치아노, 마이어 랜스키를 비롯한 기타 인물들에게 상담가 역할
을 했다.

시칠리아 연합Unione Siciliana
본래는 공제 조합으로 출발했지만 점차 갱 단원들이 범죄 목적으로 이용했
다. 시카고 갱단원인 앤서니 안드레아가 금주법 이전부터 장악하기 시작했
고, 1920년대 중반에는 시칠리아 연합이라는 이름이 뉴욕의 마피아를 지
칭하는 것으로 사용됐다.

언터쳐블Untouchables
금주법을 위반하는 사람들을 검거하기 위해 엘리엇 네스가 조직한 팀의
이름.

조셉 밸러치(Valachi, Joseph, 1904－1971)
1930년대 이탈리아계 미국인을 묘사하는 명칭 '라 코사 노스트라'를 도입
한 갱 단원. 비록 밸러치가 그 단어를 사용한 적은 없지만, 법을 집행하는

공무원들은 그것이 마피아를 뜻하는 것으로 해석했다. 본질적으로 마피아에게 미국 내에서의 범죄 집단에 대해 책임을 물을 수 있게 됐다. 미국 정부와 대중들은 이탈리아계 미국인들을 범죄 집단과 동일시했고, 거꾸로 범죄 집단을 이탈리아계 미국인들과 동일시했다.

희생자 없는 범죄Victimless crimes

불법적인 도박, 음주, 고리대금업, 매춘, 약물 등 법을 위반하는 행위들을 일컫는 말. 사람들이 종종 그런 행위들로 피해를 입고, "희생자"가 되기 때문에 이 설명이 항상 정확한 것은 아니다.

금주법령Volstead Act

1919년 10월 27일 금주법을 시행하기 위한 집행령이 통과되고, 1920년 1월 16일부터 효력을 발생하게 됐다. 0.5%의 알코올이 가미된 어떤 알코올 음료도 금지됐고, 종교적 의학적 예외 조항만을 두었다. 내국세 사무국이 법안을 집행했다.

와스프WASP

신교를 믿는 앵글로색슨 백인을 일컫는 말.

얼 웨이스 "하이미"(Weiss, Earl "Hymie", 1898-1926)

"일방 통행"를 만든 장본인으로서 디온 오배니온과 파트너이고 카포네의 주요 적이다.

반 금주법주의자Wets

금주법의 집행을 느슨하게 해줄 것을 주장하고, 나아가 폐지를 위해 일했던 사람들.

백수회White Hand Society

'흑수단 Black Hand Society'에 맞서 조직된 집단.

제임스 윌커슨Wilkerson, James H.

카포네의 소득세 관련 재판을 주재한 판사.

프랭크 윌슨Wilson, Frank J.
카포네의 소득세를 추정하고 재판에서 채택하기 위해 그의 지출을 규명하
도록 엘머·이레이가 뽑은 국세청 요원.

전신 서비스Wire Service
마권 업자들이 경주 정보를 제시간에 얻을 수 있는 수단으로서 참가자 목
록, 출발선, 기수 변동 사항, 트랙 상태, 경기 실황 방송, 기타 도움 될 만한
정보를 마주에게 제공해주는 서비스.

프랭키 예일(Yale, Frankie, 1885—1928)
코니아일랜드의 '하버드 인'의 경비원으로 카포네를 기용함으로써 그에게
암흑가에서의 첫 직업을 제공해준 갱 단원. 예일은 조니 토리오에게 카포
네를 소개해주었지만 이후 그 후견인에게서 등을 돌렸고, 결국 살해됐다.

영 턱스Young Turks
변화를 추구했던 혁명 집단.

잭 주터(Zuta, Jack, 1930 사망)
매춘 업자이면서 카포네의 정치적 중재자. 자신의 두목에게로 돌아서서 조
아이엘로와 벅스 모런과 연합했고 카포네를 암살하려 했으나 실패해 목숨
을 잃었다.

〈참고목록〉

■ 도서

Albini, Joseph L. *The American Mafia: Genesis of a Legend*. New York, 1971.

Allsop, Kenneth. *The Bootleggers*. London, 1961.

Asbury, Herbert. *The Barbary Coast*. New York, 1933.

—. *The French Quarter: An Informal History of the New Orleans Underworld*. New York, 1936.

—. *The Gangs of New York*. New York, 1928.

Baltzell, E. Digby. *The Protestant Establishment: Aristocracy and Caste in America*. New York, 1964.

Bell, Daniel. "Crime as an American Way of Life." *Antioch Review*(summer 1953):vol. 13, pp.131—54.

—. *The End of Ideology*. Glencoe, 1960.

Bergreen, Laurence. *Capone: The Man and the Era*. New York, 1994.

Demaris, Ovid. *Captive City: Chicago in Chains*. New York, 1969.

Eisenberg, Daniel, Dan, Uri, and Landau, Eli. *Mayer Lansky: Mogul of the Mob*. New York, 1979.

Fonzi, Gaeton. *Annenberg: A Biography of Power*. New York, 1969.

Fox, Stephen. *Blood and Power: Organized Crime in Twentieth-Century America*. New York, 1989.

Gosch, Martin A., and Richard Hammer. *The Last Testament of Lucky Luciano*. Boston, 1974.

Ianni, Francis A.J. *A Famliy Business: Kinship and Social Control in Organized Crime.* New York, 1972.

Iorizzo, Luciano J. *Italian Immigration and Impact of the Padrone System.* New York, 1980.

Iorizzo, Luciano J., and Salvatore Mondello. *The Italian Americans.* New York, 1971.

—. *The Italian Americans.* Rev. ed. Boston, 1980.

Jennings, Dean. *We Only Kill Each Other: The Incredible Story of Bugsy Siegel—Mobster.* Greenwich, Conn., 1967.

Johnson, David R. *American Law Enforcement: A History.* St. Louis, 1981.

Katcher, Leo. *The Big Bankroll: The Life and Times of Arnold Rothstein.* New Rochelle, N.Y., 1958.

Katz, Leonard. *Uncle Frank: The Biography of Frank Costello.* New York, 1973.

Kenney, Denis J., and James O. Finckenauer. *Organized Crime in America,* New York, 1995.

Kobler, John K. *Capone: The Life and World of Al Capone.* New York, 1971.

Lacey, Robert. *Little Man Meyer Lansky and the Gangster Life.* Boston, 1991.

LaGumina, Salvatore J., et al., eds. *The Italian American Experience: An Encyclopedia.* New York, 2000.

Landesco, John. *Organized Crime in Chicago. Illinois Crime Survey, part 3.* 1929. Reprint, Chicago, 1968.

Maas, Peter. *The Valachi Papers.* New York, 1968.

McPhaul, John J. *Johnny Torrio, First of the Gang Lords.* New Rochelle, 1970.

Mencken, H.L. *The American Language,* Supplement II. New York, 1962.

Messick, Hank. *Lansky.* New York, 1971.

Moore, William Howard. *The Kefauver Committee And the Politics of Crime 1950—1952.* Columbia, Mo., 1974.

Morris, Norval, and Gordon Hawkins. "Organized Crime and God." In *The Honest Politicians Guide to Crime Control.* Chicago, 1970.

Nash, Jay Robert. *Bloodletters and Badmen: A Narrative Encyclopedia of American Criminals from the Pilgrims to the Present.* New York, 1973.

—. *World Encyclopedia of Organized Crime.* New York, 1993.

Nelli, Humbert S. *The Business of Crime: Italians and Syndicate Crime in the United States.* New York, 1976.

—. *The Italians of chicago, 1880—1930: A Study in Ethnic Mobility.* New York, 1970.

Pasley, Fred D. *Al Capone: The Biography of a Self-Made Man. 1930.* Reprint, Freeport, N.Y., 1971.

Peterson, Virgil W. *Barbarians in Our Midst: A History of Chicago Crime and Politics.* Boston, 1952.

—. *The Mob: 200 Years of Organized Crime in New York,* Ottowa, Ill., 1983.

Pitkin, Thomas M., and Francesco Cordasco. *The Black Hand: A Chapter in Ethnic Crime,* Totowa, N.J., 1977.

Reid, Ed. *The Grim Reapers: The Anatomy of Organized Crime America, City by City.* Chicago, 1970.

Reid, Ed. and Ovid Demaris. *The Green Felt Jungle.* New York, 1963.

Schoenberg, Robert J. *Mr. Capone.* New York, 2001.

Short, Martin. *Crime Inc. The Story of Organized Crime.* London, 1984.

Sifakis, Carl. *The Encyclopedia of American Crime*. New York, 1982.

Smith, Dwight C. *The Mafia Mystique*. New York, 1975.

Sowell, Thomas. *Ethnic America: A History*. New York, 1981.

Spalding, Henry D. *Joys of Italian Humor*. New York, 1997.

Stockdale, Tom. *The Life and Times of Al Capone*. Philadelphia, 1998.

Sullivan, Richard F. "The Economics of Crime: An Introduction to the Literature." In *An Economic Analysis of Crime: Selected Readings*, by Lawrence J. Kaplan and Dennis Kessler. Springfield, Ill., 1976.

Thernstrom, Stephan, ed. *Harvard Encyclopedia of American Ethnic Groups*. Cambridge, 1980.

Turkus, Burton B., and Sid Feder. *Murder, Inc.: The Inside Story of the "Syndicate."* New York, 1972.

Ward, Geoffrey C., and Ken Burn. *Jazz: A History of America's Music*. New York, 2000.

Wendt, Lloyd, and Herman Kogan. *Bosses in Lusty Chicago: The Story of Bathhouse John and Hinky Dink*. Bloomington, Ind., 1943.

■영화와 비디오

Al Capone. Allied Artists, 1931. Reissued, Key Video, 7750, 1986.

"Al Capone: Scarface." *Biography*. A&E Home Video, AAE-14069, 1997.

Al Capone: The Untouchable Legend. Janson, VHS 20073, 1998.

Capone. Twentieth-Century Fox, 1975. Videocassette.

Capone. Vidmark Entertainment, VM 5688, 1999.

Court TV Crime Stories Mobsters Al Capone. Unapix Home Entertainment, UPX70659, 2000.

The Gangsters: Bugsy Siegel, Dutch Schultz, and Al Capone. Rhino Home video, 1991.

History's Mysteries: The Legacy of Al Capone. The History Channel, 2000.

La Cosa Nostra: The Mafia-An Expose: Al Capone. Madacy Enterainment Group, 1997.

Mister Scarface. Trome Trem Video, VHS 4631, 1997.

The Pubic Enemy. Motion Picture, Warner Brothers Studios, 1931. Reissued, 2000, Warner Brothers Video 65032.

Scarface. Universal, 1932. Reissued, MCA Universal Home Video, 1991.

Scarface. Universal City Studios, 1983. DVD Widescreen, 1998.

■ 인터넷

There is a wealth of information on Al Capone and his associates available on the Internet. Select any search engine (e.g., Google or Yahoo) enter *Capone, Capone's car,* or the like, and a number of entries will be found. Some of the better, more useful ones includ:

www.archives.gov/exhibit_hall/American_originals/capone.html

www.chicagohistory.org/history/capone/cpbibli.html

foia.fbi.gov/capone.htm (Contains 2,379 pages of material on Capone in the files of the Federal Bureau of Investigation.)

http://search.Yahoo.co./bin/search? p = movies (Will bring up Internet Movie Database [IMDb]: "everything you ever wanted to know about every movie ever made.")

www.alcaponemuseum.com (Informative and allows viewers to play "Al Capone Jeopardy" on-line in five categories: Capone the Man, Gangster Hits, The Massacer, Foes and Friends, and Around Chicago.)

www.alcatrazhistory.com

www.americanmafia.com

www.crimelibrary.com/capone

www.crimemagazine.com

www.miles-pocketwatches.com/1925_Packard.html (Contains pictures and a description of Capone's 1925 Packard-6 Cylinder Phaeton.)

www.oregoncoasttraveler.com/nwpt.html (Claims to have Capone's yacht available for tourists to view at Newport, Oregon.)

www.talesofoldchina.com/shanghai/it-capo.htm (Contains an interesting tale that describes Capone's armored car in detail)

알 카포네 AI Capone

1899. 1. 17 미국 뉴욕 브루클린에서 태어났다. 본명은 알폰소 카포네Alphonse Capone이다.

열네 살 때 학업을 중단하고 조니 토리오의 밑으로 들어가 갱단이 되면서 조직 폭력계에 발을 들여놓았다. 젊은 시절 매춘굴에서 벌어진 싸움으로 왼쪽 뺨에 상처를 입어 스카페이스 즉 '흉터 난 얼굴 Scarface'이라는 별명을 갖게 됐다.

1925년 조니 토리오가 은퇴한 뒤 시카고 범죄계의 1인자가 돼 도박, 매춘, 밀주 암시장 등을 운영했다. 경쟁자들과 경쟁 갱단을 무력으로 평정해 악명이 높았다. 1929년 2월 14일에는 역사상 가장 악명 높은 유혈극으로 기록된 '성 발렌타인데이 대학살' 사건을 일으켰다. 1931년 6월 연방소득세법 위반으로 기소됐고 11년 징역과 8만 달러의 벌금 및 소송비용이 과해졌다.

20세기에서 21세기에 걸쳐 가장 유명한 범죄자이자 암흑가의 대부로 군림했다. 1947. 1. 25 플로리다 주 팜아일랜드에서 매독 후유증으로 죽었다.

지은이 | 루치아노 이오리초 Luciano Iorizzo

뉴욕 주립대학(오스위고) 명예 교수 겸 명예 교수 협의회 부의장직을
맡고 있다. 저자는 이 대학에서 최초로 조직범죄의 역사라는 강좌를
개설하기도 했다.

옮긴이 | 김영범

성균관대 동양철학과를 졸업한 뒤 서울대 대학원 미학과에서 예술이
론을 공부하고 있다. 저서로는 『체 게바라 VS 마오쩌둥』『그림으로
이해하는 동양사상』이 있고 역서로는 『만물은 서로 돕는다 : 크로포
트킨의 상호부조론』『중국 신화』『악의 역사』『부자들의 협상 전략』
『끝나지 않은 여행』 외 다수가 있다.

알 카포네

초판 1쇄 인쇄 2006년 4월 20일
초판 1쇄 발행 2006년 4월 28일

지은이 루치아노 이오리초
옮긴이 김영범
펴낸이 김연홍

편 집 안현주 조원미
디자인 임 호
영 업 김은석 송갑호
관 리 박은미 고혜원

펴낸곳 아라크네
출판등록 1999년 10월 12일 제2-2945호
주소 121-865 서울시 마포구 연남동 224-57
전화 02-334-3887 **팩스** 02-334-2068
홈페이지 www.arachne.co.kr **이메일** arachne@arachne.co.kr

값 12,000원

ISBN 89-89903-86-6 03990